Business Analysis for Practitioners:
A Practice Guide, Second Edition

业务分析：
实践指南
（第2版）

[美] 项目管理协会（Project Management Institute） 著

电子工业出版社
Publishing House of Electronics Industry
北京·BEIJING

Business Analysis for Practitioners: A Practice Guide, Second Edition
ISBN: 9781628258080 © 2024 Project Management Institute, Inc. All rights reserved.
《业务分析：实践指南（第2版）》© 2024 Project Management Institute, Inc. All rights reserved.
《业务分析：实践指南（第2版）》是*Business Analysis for Practitioners: A Practice Guide, Second Edition*的翻译版，由Project Management Institute, Inc.（PMI）授权电子工业出版社翻译、出版、发行。未经许可，严禁复印。

致读者

《业务分析：实践指南（第2版）》是*Business Analysis for Practitioners: A Practice Guide, Second Edition*的翻译版，*Business Analysis for Practitioners: A Practice Guide, Second Edition*由PMI出版于美国并受美国以及国际上现行的版权法保护。电子工业出版社已得到PMI的授权在中国大陆出版发行《业务分析：实践指南（第2版）》。《业务分析：实践指南（第2版）》中的文字和图的局部或全部，严禁擅自复制。购买《业务分析：实践指南（第2版）》的读者被自动视为接受《业务分析：实践指南（第2版）》所包含的文、图、信息。PMI不对《业务分析：实践指南（第2版）》的准确性进行担保。若使用《业务分析：实践指南（第2版）》的信息，读者自行承担此类使用的风险，PMI、电子工业出版社及其董事会、附属公司、继承人、雇员、代理人、代表等均不对此类使用行为造成的侵害进行赔偿。

Notice to Readers

This publication is a translation of the Chinese Language publication, *Business Analysis for Practitioners: A Practice Guide, Second Edition*, which is published in the United States of America by the Project Management Institute, Inc. (PMI) and is protected by all applicable copyright laws in the United States and Internationally. This publication includes the text of Business *Analysis for Practitioners: A Practice Guide, Second Edition* in its entirety, and Publishing House of Electronics Industry (PHEI), with the permission of PMI, has reproduced it. Any unauthorized reproduction of this material is strictly prohibited. All such information, content and related graphics, which are provided herein are being provided to the reader in an "as is" condition. Further, PMI makes no warranty, guarantee or representation, implied or expressed, as to the accuracy or content of the translation. Anyone using the information contained in this translation does so at his/her own risk and shall be deemed to indemnify PMI, or Publishing House of Electronics Industry (PHEI), their boards, affiliates, successors, employees, agents, representatives, and members from any and all injury of any kind arising from such use.

商标提示

"PMI"、PMI的标志、"PMP"、"CAPM"、"PMBOK"、"OPM3"和Quarter Globe Design是PMI的商标或注册商标，已在美国等国家注册。欲知更多有关PMI的商标，请联系PMI的法律部门。

Trademark Notice

"PMI", the PMI logo, "PMP", "CAPM", "PMBOK", "OPM3" and the Quarter Globe Design are marks or registered marks of the Project Management Institute, Inc. in the United States and other nations. For a comprehensive list of PMI marks, contact the PMI Legal Department.

图书在版编目（CIP）数据

业务分析：实践指南：第2版 / 美国项目管理协会著；于兆鹏等译. -- 北京：电子工业出版社, 2025.
3. -- ISBN 978-7-121-49761-2
Ⅰ. F713.51
中国国家版本馆CIP数据核字第2025K96Q81号

责任编辑：袁桂春
印　　刷：中国电影出版社印刷厂
装　　订：中国电影出版社印刷厂
出版发行：电子工业出版社
　　　　　北京市海淀区万寿路173信箱　邮编100036
开　　本：880×1230　1/16　印张：10.25　字数：200千字
版　　次：2025年3月第1版（原著第2版）
印　　次：2025年3月第1次印刷
定　　价：88.00元

凡所购买电子工业出版社图书有缺损问题，请向购买书店调换。若书店售缺，请与本社发行部联系，联系及邮购电话：（010）88254888，88258888。
质量投诉请发邮件至zlts@phei.com.cn，盗版侵权举报请发邮件至dbqq@phei.com.cn。
本书咨询联系方式：（010）88254199，sjb@phei.com.cn。

译者序

人人都是BA[1]，人人都需要BA[2]

在这个由数据驱动、技术革新引领的时代，业务分析已不再是一个职业的标签，而是一种普遍的思维方式和解决问题的工具。它如同一面镜子，映射出我们对世界的认知，又如同一座灯塔，指引我们在商业的海洋中航行。人人都是BA（业务分析专业人士），因为无论是在职场上还是在日常生活中，我们都扮演着分析者的角色；人人都需要BA（业务分析），因为在进行各种决策时，我们都需要类似于业务分析这样的基于数据和理性的方法。

当今社会，人工智能的发展为业务分析带来了新的工具和方法。机器学习可以帮助我们从海量的数据中发现规律和趋势，而自然语言处理则让我们能够更深入地理解用户反馈和市场动态。数字化转型要求企业重新思考其业务模式和流程，业务分析在这一过程中扮演着至关重要的角色，它能够帮助企业识别转型的机会和挑战。

业务分析思维模型

在本书中，PMI（Project Management Institute，项目管理协会）提出了最新的业务分析思维模型，指出了如下进行业务分析的有效思路：

- 整体思考和系统思考。在分析问题时，我们需要从宏观的角度出发，考虑所有相关因素和它们之间的相互作用。

- 需求导向而非解决方案导向。业务分析的首要任务是明确需求，而不是急于寻找解决方案。这有助于确保解决方案能够真正满足用户和市场的需求。

- 成为组织中的"侦探"。业务分析从业人员需要像侦探一样，通过收集证据、分析线索，揭示问题的根本原因。

- 与干系人积极沟通。有效的沟通是业务分析的关键。我们需要根据不同干系人的背景和需求调整我们的沟通策略和信息呈现方式。

---

1 业务分析专业人士/业务分析师（Business Analyst，BA）的英文缩写。
2 业务分析（Business Analysis，BA）的英文缩写。

- 探索内在的BA。每个人都有成为BA的潜力。通过不断学习和实践，我们可以提升自己的业务分析能力。

本书的应用场景

业务分析的应用场景广泛，从新产品开发到市场策略制定，再到组织变革管理。随着人工智能和数字化转型的兴起，业务分析的重要性更加凸显。为了应对新的挑战，本书提出了业务分析的五个领域：商业价值评估、业务分析规划、解决方案细化、组织过渡与解决方案评估、业务分析管理。这一变化无疑紧扣时代发展的脉搏，也有助于为读者提供更加全面和深入的业务分析指导。

如何使用本书

本书脉络非常清晰，涵盖业务分析工作的五个领域，每个领域都包含三个关键实践，而每个关键实践都配有相应的案例研究。读者可以将本书作为工具书和方法书，也可以将本书作为案例集。本书具有很强的落地性，能够帮助读者将理论知识转化为实际行动，从而有效提升工作业绩。

与《PMI 商业分析指南》的搭配使用

《PMI商业分析指南》提供了业务分析方法论的框架，本书则提供了业务分析落地的指南。两者相辅相成、互为补充，为业务分析从业人员提供了一套完整的工具和方法，包括详细的参考案例，可以帮助他们在实际工作中更有效地进行业务分析，实现商业价值的转化。

翻译分工

于兆鹏负责翻译本书的声明、第1~3章和术语表；柯建杰、塔广志、刘俊卿、曾发明负责翻译本书第4~5章；程涛负责翻译本书第6~7章、参考文献、附录、索引。全书由于兆鹏统稿、审校。

感谢上海清晖管理咨询有限公司的傅永康博士，感谢广东项目管理学会的彭丽斯、杨玉金、罗军、徐薰、刘晖，他们都在本书的翻译过程中提供了宝贵的建议或帮助。还要特别感谢电子工业出版社的卢小雷老师，他在百忙之中提供了许多帮助，没有他的指导和支持，本书的翻译是不可能顺利完成的。

我们衷心希望，本书能够帮助读者更好地理解业务分析的价值，提升自己的业务分析能力，从而在这个充满挑战和机遇的时代中做出更明智的决策，推动企业和个人的发展。

随着对本书的深入研究和理解，读者将逐渐领悟到，业务分析不仅是一种技能，更是一种智慧，一种生活的艺术。本书教会我们如何在变化中寻找稳定，在复杂中寻找简单，在不确定性中寻找确定性。通过业务分析，我们不但能够更好地理解世界，而且能够更好地塑造未来。

业务分析不仅是一项工作，更是一种生活态度，一种对世界的深刻理解和对生活的积极贡献。通过学习本书，我们不仅能掌握业务分析的知识和技能，还能探索自我提升的路径，进而在这个时代中找到自己的定位，实现自我价值的最大化。

在这个过程中，我们每个人都是BA，要运用洞察力、分析力和沟通力，为组织创造价值，为社会进步做出贡献。我们每个人也都是探索者，要不断探索自己的潜能，拓展业务分析的深度和广度。让我们以业务分析为翼，飞向知识的海洋，探索未知的领域，实现自我超越，为这个世界带来更加美好的变化。让我们拥抱业务分析，拥抱这个充满无限可能的世界。

于兆鹏

2024年6月30日 于上海

声 明

作为PMI的标准和指南，本指南是通过相关人员的自愿参与和共同协商而开发的。在开发过程中汇聚了一批志愿者，并广泛收集了对本指南内容感兴趣的人士的观点。PMI管理该开发过程并制定规则，以促进协商公平，但并没有直接参与写作，也没有进行独立的测试、评估或核实本指南所含任何信息的准确性、完整性或本指南所含任何判断的有效性。

因本指南或对本指南的应用或依赖而直接或间接造成的任何人身伤害、财产或其他损失，PMI不承担任何责任，无论是特殊、间接、因果还是补偿性的责任。PMI不明示或暗示地保证或担保本指南所含信息的准确性与完整性，也不保证本指南所含信息能满足你的特殊目的或需要。PMI不为任何使用本标准或指南的制造商或供应商的产品或服务提供担保。

PMI出版和发行本指南，既不代表向任何个人或团体提供专业或其他服务，也不为任何个人或团体履行对他人的任何义务。在处理任何具体情境时，本指南的使用者都应依据自身的独立判断，或者在必要时向资深专业人士寻求建议。与本指南议题相关的信息或标准亦可从其他途径获得。读者可以从这些途径获取本指南未包含的观点或信息。

PMI无权也不会监督或强迫他人遵循本指南的内容，不会为安全或健康原因对产品、设计或安装进行认证、测试或检查。本指南中关于符合健康或安全要求的任何证明或声明，都不是PMI做出的，而应由证明者或声明者承担全部责任。

目 录

第1章 引 论 ··· 001

- 1.1 本实践指南的组织结构 ·· 001
- 1.2 术语解释 ·· 003
- 1.3 目标 ··· 004
- 1.4 业务分析价值主张 ·· 008
- 1.5 业务分析的演变 ·· 008

第2章 商业价值评估领域 ··· 011

- 2.1 引言 ··· 011
- 2.2 理解情境 ·· 012
- 2.3 发现差距 ·· 021
- 2.4 定义解决方案 ··· 025

第3章 业务分析规划领域 ··· 035

- 3.1 引言 ··· 035
- 3.2 理解业务分析治理 ·· 036
- 3.3 确定干系人参与方法 ··· 039
- 3.4 规划业务分析工作 ·· 045

第4章 解决方案细化领域 ··· 050

- 4.1 引言 ··· 050
- 4.2 启发解决方案信息 ·· 051
- 4.3 分析解决方案信息 ·· 063
- 4.4 打包解决方案信息 ·· 070

第5章 组织过渡与解决方案评估领域 ·· 076

- 5.1 引言 ··· 076
- 5.2 促进组织过渡 ··· 078

5.3 协助做出继续/停止决策 ········· 085
5.4 评估解决方案绩效 ············· 087

第6章 业务分析管理领域 ········· 091

6.1 引言 ····················· 091
6.2 提升业务分析有效性 ············· 092
6.3 提升业务分析能力 ············· 095
6.4 以诚信引领业务分析 ············· 097

第7章 模型、方法和工件 ········· 100

7.1 概述 ····················· 100
7.2 工具和技术列表 ··············· 101
7.3 附加资源 ··················· 131

参考文献 ········· 132

附录X1 《业务分析：实践指南》（第2版）贡献者与审阅者 ········· 133

X1.1 贡献者与审阅者 ············· 133
X1.2 PMI员工 ················· 135
X1.3 《业务分析：实践指南》（第2版）中文版翻译贡献者 ············· 135

术语表（英文排序）········· 137

术语表（中文排序）········· 142

索 引 ········· 147

第1章

引 论

本实践指南描述了业务分析的各个领域，长期以来确立的和当前的业务分析实践与技术，以及业务分析思维方式的特点，并将它们整合到案例研究中，以展示如何使用它们。本实践指南中的业务分析实践可以供各类从业人员借鉴，以推动任何类型的组织或举措取得成功。

1.1 本实践指南的组织结构

本实践指南分为五个领域，每个领域都包含三个关键实践。每个实践都包括对其内容的解释、为什么该实践很重要，以及展示如何使用该实践的案例研究。这些特定实践反映了它们在使用任何方法（无论是预测型、适应型还是混合型方法）的组织中的价值和适用性。它们呈现的顺序是合乎逻辑的（例如，在制订解决方案之前无法细化解决方案）；但这并非暗示了顺序是固定的。

尽管这些领域涵盖了业务分析的整体学科，但每个领域中包含的三个实践是最基本的实践，而不是详尽的实践清单。每个实践开头都会有一段简短的陈述，阐述了业务分析从业人员的思维如何影响该实践中描述的业务分析活动。

每个实践的描述都配有一个案例研究，以使读者了解其价值及如何应用这个实践。案例研究中使用的工具是从业务分析从业人员可能使用的工具清单中选取的样本。也可以应用其他工具，其中一些可能根据举措以不同的方式应用。

案例研究包括两个解决方案，每个解决方案都对应不同的举措和方法类型。虽然一个项目使用预测型方法，另一个使用适应型方法，但它们并非严格意义上的预测型或适应型。案例研究的目的是突出良好业务分析的实用性，这是通过展示业务分析从业人员如何通过不同的方法使用最适合他们的工具有效协作以满足业务需要实现的。用意是让业务分析从业人员从中看到与自身环境的相似之处，这些环境通常是融合型的或混合型的。

五个领域和每个领域的三个关键实践概述如下。

1.1.1　商业价值评估

商业价值评估包括分析情境，评估当前的内外部环境和组织能力，以识别当前和未来状态的差距，提出增加商业价值并满足业务需要的解决方案。本领域的三个关键实践是：

- 理解情境
- 发现差距
- 定义解决方案

1.1.2　业务分析规划

业务分析规划包括根据干系人的特征、需要、组织环境及计划采用的方法，确保使用最优方法开展业务分析工作的实践。本领域的三个关键实践是：

- 理解业务分析治理
- 确定干系人参与方法
- 规划业务分析工作

1.1.3　解决方案细化

解决方案细化包括与干系人合作，启发需求和其他解决方案信息的实践，从而在商业价值评估中初步定义解决方案后，通过迭代细化解决方案。本领域的三个关键实践是：

- 启发解决方案信息
- 分析解决方案信息
- 打包解决方案信息

1.1.4　组织过渡与解决方案评估

组织过渡与解决方案评估涵盖解决方案开发结束与解决方案实施之间的过渡，以及确定已实施的解决方案或解决方案的一部分如何满足商业论证中阐述的商业价值主张的实践。本领域的三个关键实践是：

- 促进组织过渡
- 协助做出继续/停止决策
- 评估解决方案绩效

1.1.5 业务分析管理

业务分析管理包括确保业务分析活动、工件和可交付物具有高价值,并确保从业人员在开展业务分析工作时注意到他们对干系人、组织和环境的道德义务的实践。本领域的三个关键实践是:

- 提升业务分析有效性
- 提升业务分析能力
- 以诚信引领业务分析

1.2 术语解释

本节提供了本书中一些术语的解释。请参阅术语表或访问PMI官网获取未在此处定义的其他术语。

1.2.1 业务分析

业务分析包括以价值为导向的方法、实践、准则和思维方式,可提供以下指导:识别组织需要;推荐潜在解决方案;启发、沟通和管理需求;促进解决方案成功实施;评估解决方案。

从策略上讲,业务分析是将知识、技能、工具和技术应用于:

- 确定问题和机会。
- 识别业务需要,推荐可行的解决方案以满足这些需要并支持战略决策。
- 启发、分析、指定、沟通和管理需求及其他解决方案信息。
- 定义衡量及实现价值的收益和方法,并在解决方案实施后分析结果。

1.2.2 解决方案

解决方案是为满足业务需要和干系人的期望而产生的,能够提供可衡量的商业价值。它可能是由项目组合组件、项目集或项目产生的。解决方案可能是一个或多个新产品、产品组件或对产品的增强或修正。解决方案可能包括技术、过程、人员及为满足业务需要而提供的价值中包含的任何其他内容。

1.2.3 产品

产品(也称物料或商品)是一种可生产、可量化的工件,可以是最终产品本身,也可以是组件。产品作为解决方案的一部分被创建或更新,以满足业务需要;因此,它们提供了商业价值。

1.2.4 需求

《PMI商业分析指南》[1]将需求定义为"为满足业务需要,某个产品、服务或成果必须达到的条件或具备的能力"。需求和其他解决方案信息,如假设、依赖关系、制约因素、问题和风险,可能以多种方式获取,如用户故事或用户故事的元素。它们也可能更正式地在需求文档、需求跟踪矩阵(Requirements Traceability Matrix, RTM)中获取,或以对团队和干系人有价值的任何格式获取。当需求管理方法更加传统和正式时,如在预测型环境中,需求通常按类型分类:

- 业务需求。描述组织高层次的需要,如业务问题或机会、启动项目的原因,以及企业寻求实现的可衡量目标。业务需求为其他需求和解决方案提供背景,确保结果满足业务需求。

- 干系人需求。描述干系人或干系人群组的需要,其中"干系人"一词被广泛使用,以反映任何对举措结果感兴趣的人的角色,可能包括客户、供应商和合作伙伴,以及内部业务角色。要实现业务需求,必须满足干系人需求。

- 解决方案需求。描述将满足业务和干系人需求的产品、服务或结果的特征、功能和特性。解决方案需求分为功能性需求和非功能性需求。
    - 功能性需求。描述产品的行为,包括产品应执行的动作、过程和交互。
    - 非功能性需求。描述产品有效所需的环境条件或质量要求,如可靠性、安全性、性能、数据保留、可用性和可扩展性等。

- 过渡需求。描述从当前状态(现状)过渡到未来状态(目标状态)所需的临时能力,如数据转换和培训需求,以及所需的运营变更。一旦完成向未来状态的过渡,就不再需要过渡需求。

其他类型的需求包括项目需求和质量需求。这些通常是项目经理的责任,不在本指南中讨论。

1.3 目标

《业务分析:实践指南》(第2版)基于以下三个目标。

目标1——业务分析面向所有人

本次修订的第一个目标是以这样一种方式传达对业务分析的理解,即让每个人,无论职位或角色如何,都认识到业务分析是他们工作的一部分。任何组织都需要并使用业务分析——人力资源部门、财务部门、物流部门及公司的每个部门。实际上,业务分析不仅存在于商业组织中,还存在于社区团体、非营利组织、非政府组织、学校,甚至家庭中。可以通过表1-1了解业务分析是什么及不是什么。

表1-1 业务分析是什么及不是什么

业务分析是……	业务分析不是……
一门随时且持续应用的学科	一门只在特定时间点临时应用的学科
每个人在每个岗位都需要，在日常生活中也会用到的技能	只有被称为 BA 的特定人群才具备的一组技能
一组可以应用于每个行业并增加价值的实践和技术	仅适用于 IT 和软件行业
许多人可以协作和迭代执行的一组共同实践	一组独立、神秘的实践，只有少数技术人员才知道如何使用
一种方法可以根据组织和干系人的需求进行裁剪	一种可以统一应用于所有组织和行业的通用方法

业务分析使任何人都能够满足其业务、客户、追随者、"粉丝"或家人的需求。它是人们在各自的角色中取得成功的基础。这些人包括：

- 企业过程负责人，他们定义过程，以满足新兴的业务需求。
- 医生，他们根据各种健康因素确定适合患者的正确治疗方法。
- 当地企业主，他们决定提供哪些产品或服务，以满足客户需求。
- 社交媒体影响者，他们策划发布什么内容及何时发布，以获得最多的关注和追随者。
- 教师，他们识别学习需求并开发课程，以填补学生的知识空白。
- 教练，他们分析队员和竞争对手的优势和劣势，以编制战术手册并用合适的人才填补团队空缺。
- 急救人员，他们分析社区的背景和需求，以针对危机情境制定适当的应对措施。

当然，本实践指南的读者可能是专业环境中的从业人员。尽管如此，我们的目标是确保本实践指南的每位读者都认识到，每当试图了解所面对的问题和机会及如何做出最佳回应时，他们都在进行业务分析。

目标2——吸引现代学习者

第二个目标是提供一本吸引现代学习者的实践指南，他们可能利用社交媒体和其他在线资源，以及像本实践指南这样的文件，快速找到需要学习的内容，帮助改进自身的业务分析工作。

考虑到这一点，本实践指南在编写过程中力求简明扼要。本实践指南的目的是突出介绍重要观点的实例，这是因为我们认识到试图涵盖所有内容是不现实的，而简洁的介绍可能更吸引现代学习者。

此外，正是通过讲故事，业务分析才最容易被理解。对实践应用的叙述能够使从业人员认识到他们可以做什么来提高自己的绩效。希望本实践指南中讲述的故事能让读者明白业务分析是什么，并激励他们进一步探索。

在读完本实践指南后，下一步举措可能包括向他人寻求帮助，进行在线搜索和实验，并以创造性的方式使用本实践指南中介绍的技术和概念。本实践指南以吸引现代学习者的方式进行组织和呈现，使他们能够探索业务分析是什么，认识到自己是业务分析从业人员，并自行求索，学习更多知识。当人们对应用其内在的业务分析能力充满信心时，项目、组织和举措都将从中受益。

目标3——培养业务分析思维

第三个目标是以一种易于理解，而且所有类型的组织和从业人员都可接受的方式构建业务分析。为此，本实践指南主张：

- 业务分析不仅仅是一组实践、一门学科或一种职业。
- 业务分析是一种指导转型能力的思维模式，也是价值创造的基本组成部分。

这种基本的思维模式使从事业务分析工作的人能够高效工作，其特点如下：

- **整体性和系统性思考**。业务分析就是分析，意味着在组织、商业、市场、经济或其他背景下对需求和解决方案进行360°的全方位审视。业务分析思维模式旨在识别过程、系统和功能之间的相互依赖性，以及使用和拥有它们的人的视角。系统性思考和看到"大局"的能力是分析思维的关键推动力，帮助业务分析从业人员识别组织内部的相互联系，并从问题、机会和解决方案的各个角度促进分析。

- **坚持需求导向，而非解决方案导向**。有效的业务分析要求在考虑解决方案之前达成关于需求的共识。当干系人在业务分析从业人员介入之前已经有解决方案的想法时，可能带来挑战。业务分析思维促使业务分析从业人员不断提出"为什么"，并激发干系人的好奇心，以获得对更深入地挖掘需求的支持。勇气和坚韧使业务分析从业人员能够在急于寻求解决方案之前让干系人专注于需求。

- **成为组织中的"侦探"**。在匆忙完成工作的过程中，人们很容易接受所提问题的第一个答案。单一来源的信息可能带有偏见，对需求或解决方案的理解也可能不全面。我们可能从不同渠道获取需求信息，这些信息的提供者并不确定自己知道或不知道需求，但他们仍然乐于回答问题。业务分析从业人员有责任通过多个来源确认业务分析信息，确保需求和解决方案是一致的、正确的、完整的和有价值的。健康的怀疑态度使有效的业务分析从业人员能够自信地对信息进行确认。

- **裁剪干系人沟通**。良好的业务分析通过裁剪沟通来促进干系人的理解，这种裁剪沟通能够吸引风格不同的干系人。业务分析从业人员使用模型进行视觉沟通，在正式或非正式的讨论中进行听觉沟通，在协作练习中进行动觉沟通，以实现共同理解和推进举措。同理心和倾听技巧使业务分析从业人员能够以与干系人共鸣的方式进行沟通，从而与所有类型的干系人建立有效的伙伴关系。

- **探索内在的BA**。业务分析无处不在，几乎每个人都在执行业务分析。一些从业人员是具有丰富经验和高超技能的专业人士。另一些人则刚刚发现其业务分析技能。拥抱它！在实践业务分析时要有意识和信心。有效的业务分析既是艺术也是科学，因此要尝试不同的工具和技术。在一个业务单元或组织中成功的策略不一定能在不同的业务单元或组织中取得成功。"正确"的方法不止一种。创造力和勇气使有效的业务分析从业人员能够在身处的环境中探索不同的业务分析方法，并引导他人尝试新的方法来理解和满足业务需求。

业务分析思维是所有业务分析实践的核心，如图1-1所示。所有业务分析领域和实践都是由业务分析思维赋能的。

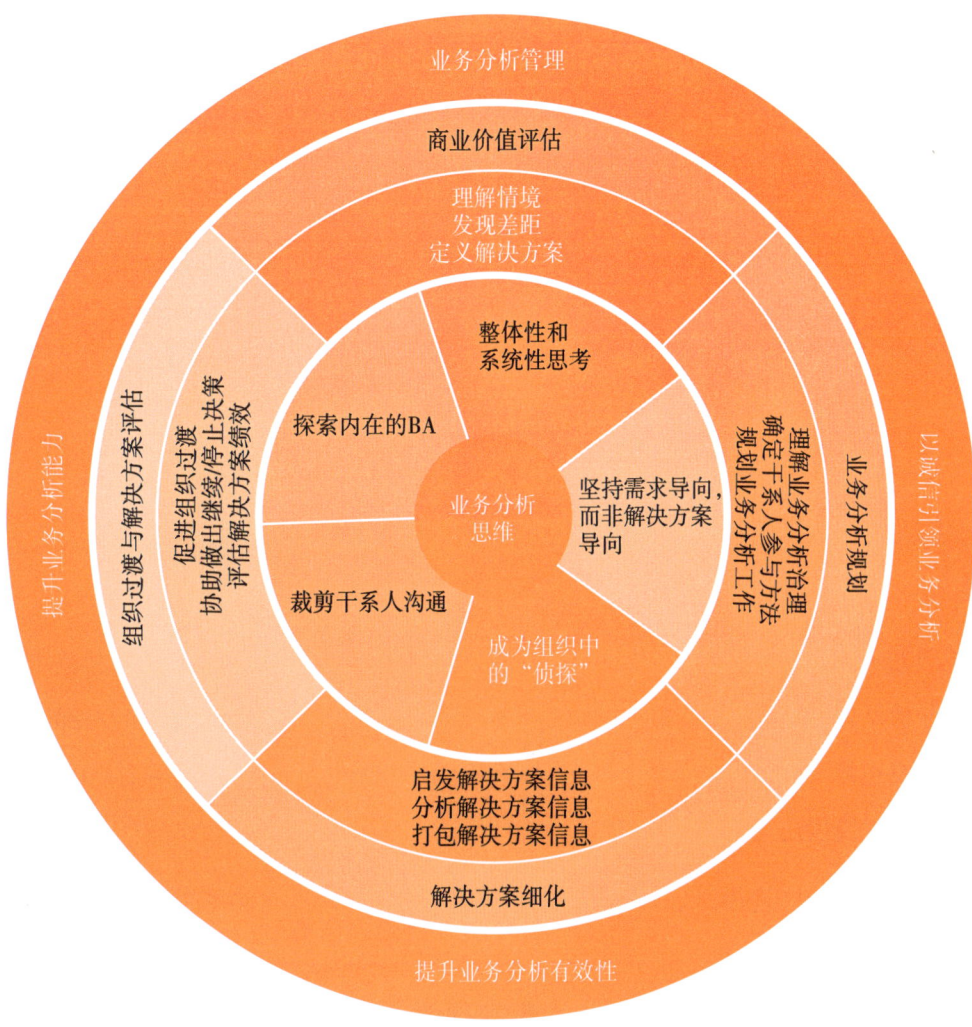

图1-1　业务分析思维是所有业务分析实践的核心

1.4　业务分析价值主张

关于业务分析价值的研究一直支持这样一个前提：培养业务分析技能和知识，以及运用业务分析思维模式是值得的。具有高度成熟的业务分析实践的组织证明了业务分析对其组织的成功具有切实影响，并提供了竞争优势。在业务分析关键指标上，业务分析成熟度水平较高的组织在同行组织中的排名远高于业务分析成熟度水平处于平均水平的组织[2]。

只要人们认为业务分析就是特定人群使用一套复杂工具来"收集"需求，价值的交付就会受到限制。本次修订的使命始于让人们从周遭正在发生的业务分析故事中看到自己，并学会如何使用这些易获得和易操作的工具。当这样的情形出现时，无论人们是在办公室工作，还是在家或任何其他地方做事，其举措或工作的价值都会彰显。

业务分析的长期实践者和倡导者有望与本实践指南及其创作目标互相印证。业务分析新手有望得到启发，使用业务分析思维模式，最大化其工作的价值，并成为各种实践者社区的一员。每个人都可以结成伙伴，应用业务分析思维模式，使业务分析体验更有效、更令人满意。将这种思维模式带入工作中，实践者将更容易协作，成为更好的问题解决者，促进变革管理，提升敏捷性，并更有效地抓住当前的机会。

1.5　业务分析的演变

尽管业务分析实践的基本目标多年来相对稳定，但其做法始终在演变。业务分析实践从最初常态化运用的预测型方法，经历了适应型方法这一变化，演变到使用工具的虚拟化和工具使用者的虚拟化（使用这些工具的人分布在不同地域）。具体实践也从逐步构建基于文档的需求的方法转变为与干系人合作来满足业务需要和交付价值的管理工作角色法。以下是激发业务分析实践演变的变革驱动因素。

- **以客户为中心**。只有在对人们有价值，或者人们成为自然环境其他生物利益的代理人时，业务分析从业人员才称得上真正做了业务分析工作。无论是解决方案的内部还是外部消费者，战略组织首先考虑的是其客户。以客户为中心是一种以客户为先，并根据客户重要性和价值优先级做出决策的商业策略。

  业务分析从业人员运用以客户为中心的方法持续关注所提出的解决方案的价值主张，这些价值主张由客户需要定义。例如，一个令人信服的产品愿景可以通过突出解决方案将如何使客户受益，激发团队和干系人了解他们正在做什么及为什么做。业务分析从业人员需要考虑众多干系人和所执行的活动。以客户为中心使他们的注意力和工作集中在对客户体验最具积极影响的干系人和活动上。

- **在动态商业环境中的敏捷性。**使用敏捷这样的适应型方法，有效应对变化和不确定性，持续在各种类型的组织中产生共鸣。适应型方法的持续采用为业务分析从业人员提供了大量机会。在敏捷环境中应用业务分析实践通过在这些环境中发生的许多事情本质上是业务分析这一事实得到了促进。例如，产品愿景、产品待办事项列表细化、以用户故事和验收标准形式定义需求、促进客户接受解决方案及其他活动基本上都是业务分析活动。此外，与业务规则分析、非功能性需求定义和可跟踪性相关的传统业务分析活动在适应型环境中仍然必要，尽管这些活动可能量级更轻、不那么正式，结果也可能看起来有所不同。无论是作为团队成员、代理产品负责人还是产品负责人，敏捷环境都非常适合以产品为中心和以客户为中心的业务分析从业人员的技能、工具、实践和思维模式。

- **对经验丰富的业务分析从业人员的需求。**对经验丰富的业务分析从业人员的需求比以往任何时候都大[3,4]，因为他们在处理复杂问题或机会的项目中有机会展示自己的才能。数字化转型和商业模式变革是常见的企业级举措，需要最有经验和表现最佳的业务分析从业人员。要成为一个数据驱动的组织，不仅需要理解所需的技术，还需要理解组织过程和行为的必要变化，这包括新的思维模式、与客户和彼此互动的新方式，以及整个组织的新技能开发。如果具备相应技能和兴趣，业务分析从业人员就可能在组织的最高战略层面做出贡献。

- **新技术、先进解决方案。**如今，许多业务需求解决方案的技术要素在技术和伦理上的复杂性都是前所未有的。例如，人工智能（Artificial Intelligence, AI）和机器学习（Machine Learning, ML）的影响是深远的，并且具有伦理挑战性。诸如此类的尖端技术可能危及个人和组织的隐私，侵犯知识产权，并以不可预测的方式改变干系人的生活。

    这些迅速出现的技术的好处同样引人注目。它们以前所未有的速度提高生产力，并以前所未有的准确性洞察客户需求和偏好。当将这些技术应用于数据驱动的决策和设计思维等过程时，以客户为中心的组织将创造出良好的客户体验，从而获得更好的商业成果。

    考虑到业务分析工作包括开发业务需要、制定商业论证、启发解决方案需求和促进解决方案实施，业务分析从业人员在理解这些变化对组织和人员的影响方面处于独特的位置。业务分析从业人员有责任了解这些技术，以使干系人意识到它们，从而减轻风险，合规利用技术，并获取它们提供的显著收益。

- **虚拟业务分析。**业务分析从业人员以前也使用过虚拟通信和工作空间，但自从新冠疫情暴发以来，虚拟工作已成为许多人的常态。即使疫情形势发生变化，虚拟工作环境很可能仍然是许多专业人士（包括业务分析从业人员）的首选工作方式。例如，在疫情暴发之前，只有6%的美国劳动力主要以远程方式工作[5]。如今，预计到2025年年底，22%的专业人士将以远程方式工作[6]。其他数据表明其他国家也有类似的趋势。从面对面通信到虚拟通信的转变是一个重大挑战。与面对面会议不同，在虚拟访谈和研讨会中，业务分析从业人员既无法通过读取肢体语言或感知眼神接触和面部表情确定参与者是否在场，也无法防止参与者同时处理多项任务，导致注意力偏离会议。

高效的业务分析从业人员将持续开发技能、工具和技术，目的是在虚拟环境中开展研讨会和访谈，领导业务分析团队和其他干系人，创建积极的业务分析文化，协调干系人参与。例如，已经开发了各种数字环境和平台来促进视觉协作，帮助所有团队成员连接、协作和共同创造。好消息是，这些新工具很容易应用（如同丢弃一样容易），干系人也因此比以往任何时候都更快地参与虚拟协作。

第2章

商业价值评估领域

2.1 引言

商业价值评估领域包括为研究当前的商业问题或机会而进行的业务分析工作。它审视组织当前的内外部环境和能力，确定业务绩效的差距及满足客户需要的能力，并提出可行的解决方案选项，这些选项一旦实施，就会产生满足组织业务需要的价值。

2.1.1 本领域的预期内容

本领域提供了一种评估业务需求和商业价值的方法，并识别相关的高层次解决方案。商业价值评估包括以下三个关键实践，使业务分析从业人员能够增强组织和决策者的能力，确保提出的新解决方案与组织战略及项目组合、项目集的目标一致，并提供预期的商业价值：

- **理解情境**。理解情境提供了思考、了解、发现和表述业务问题和机会的方法。它回答了为什么需要启动项目、项目集或项目组合来应对某种情境。
- **发现差距**。发现差距旨在评估内外部环境，分析并比较组织的实际绩效和当前能力与期望绩效和预期能力。这有助于确定如何弥合组织当前状态和期望状态之间的差距。
- **定义解决方案**。定义解决方案使业务分析从业人员能够以某种方式整合分析结果，为决策者提供相关信息，以决定对所提出的解决方案的投资是否可行和切实。

2.1.2 本领域实践的主要收益

简言之，商业价值评估可以指导组织的投资决策。在项目组合和项目集的管理过程中，通过本领域的实践和结果分析，组织确保：

- 项目组合或项目集持续运作，以提供预期的商业价值。

- 新的举措与组织战略及项目组合、项目集的目的和目标一致。
- 提出的项目组合组件、项目集和项目都采用了准确的信息，进行了充分审查和仔细检查。
- 对提出的解决方案的所有方面（价值、负面收益、依赖性和风险等）都进行了分析。

为了实现这些方面，业务分析从业人员进行商业价值评估，帮助组织更详细地了解业务问题或机会，并确保解决正确的问题。

若忽略正式评估，则最终的解决方案往往无法解决潜在的商业问题或抓住机会——或者提供了一个不需要的解决方案，或者包含了不必要的功能。

2.1.3　本领域回答的关键问题

- 为了更好地理解业务问题或机会，我们应该采取哪些措施？
- 情境说明书是什么？如何创建？为什么它很重要？
- 业务需要如何确定？商业价值如何定义？
- 商业价值是否满足业务需要，并与组织战略保持一致？
- 如何评估当前状态并确定未来状态？
- 商业论证包括哪些内容？创建步骤是什么？

2.2　理解情境

业务分析从业人员运用业务分析思维模式，努力从不同角度理解情境，发现与问题或机会相关的线索，提出若干问题，深入挖掘情境，寻找解释，避免过早跳到解决方案。

2.2.1　概述

商业价值评估的一个重要环节是理解情境，包括识别要解决的问题或要抓住的机会。在这种情境下，情境是一个中性术语，描述了正在考虑的问题或机会的背景。

为确保干系人对问题或机会有共同理解，业务分析从业人员以一种对所有相关干系人都有意义的方式呈现情境，并引导他们达成一致。

实现对情境的共同理解是评估商业价值的一个关键概念。它在业务分析工作的其他部分，甚至在项目组合、项目集和项目管理中，也扮演着非常重要的角色。

共同理解的过程不一定是正式的或复杂的，但其内容必须准确无误。如果内容不够准确，那么其他业务分析活动做得再好也无济于事。可靠的、干系人共同理解的情境描述有助于确保组织朝着正确的方向发展。因此，当业务分析工作处理了正确的问题或机会时，就会增加价值。

2.2.2 理解情境的价值

为了避免过早关注解决方案，"理解情境"的实践首先尝试分析当前环境，找出通过调查情境发现的信息。在此基础上，业务分析从业人员使用各种方法概述解决问题或抓住机会的"为什么"。

理解并传达"为什么"有助于干系人更深入地了解业务需要和价值主张。如果对情境没有彻底理解，组织就可能采纳一个既不能满足业务需要也不能产生预期商业价值的解决方案。成功地阐述组织的"为什么"是与员工、客户和其他干系人有效沟通的一种方式，能够定义特定的价值主张，并激励他们采取行动。

根据西奈克的黄金圈理论[7]，许多人从外向内思考（是什么—如何—为什么）。人们知道他们想要交付的"是什么"，其中一些人知道他们将"如何做"，但大多数人没有专注于"为什么"。研究发现，与"如何做"和"是什么"相比，只有24%的公司明确表达了"为什么"。

在理解情境的同时，业务分析从业人员试图在确定结果（"是什么"）和公司将如何实现它（"如何做"）之前确定业务需要（"为什么"）。如果组织要实现其目标并取得成功，就应该努力找到"为什么"的答案。

黄金圈模型（见图2-1）帮助组织识别"为什么"（业务需要或价值主张），并将其与解决方案区分开来，从而防止在没有深刻理解"为什么"的情境下急于求成。

改编自西奈克的黄金圈理论

图2-1　黄金圈模型

2.2.3 如何理解情境

要深入理解情境的全貌，组织应该启发与情境相关的信息，包括：

- 问题或机会的迹象
- 相关干系人
- 问题的严重程度或规模
- 情境说明书
- 根本原因
- 业务目标和目的

对于情境的各个方面（见图2-2），可以使用不同的工具和技术来启发所需的信息。

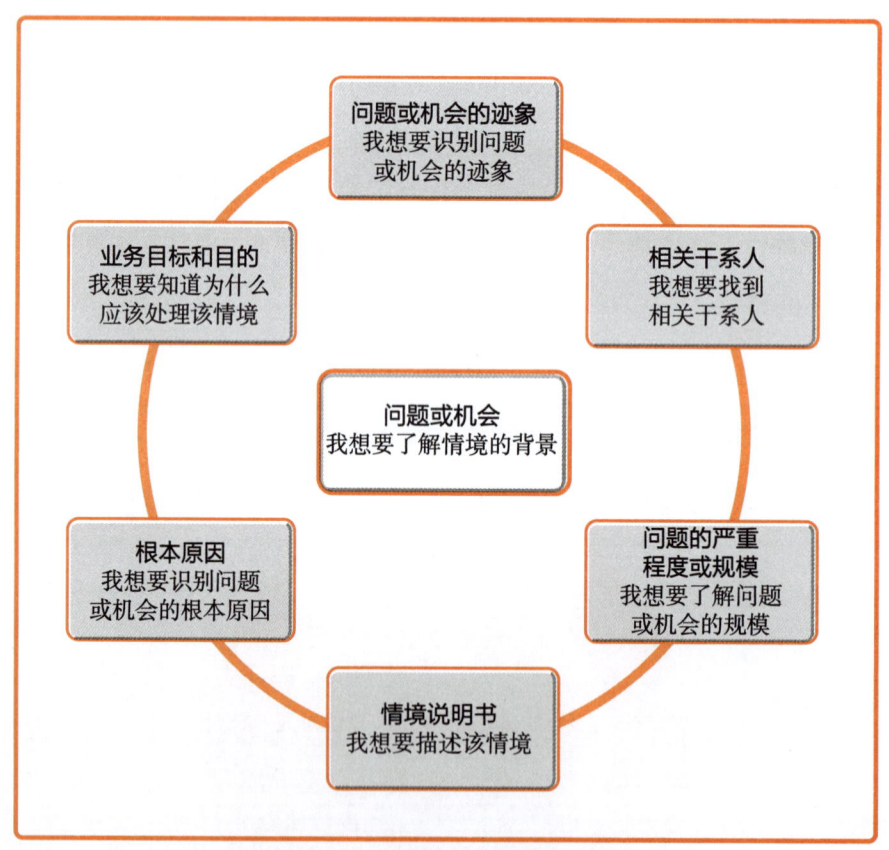

图2-2　启发信息以理解情境

2.2.3.1 问题或机会的迹象

业务分析从业人员专注于充分了解问题或机会,以便充分理解情境。

并非每个问题或机会都需要考量。业务分析从业人员应该启发更多关于情境的信息,以明确是否值得针对这一情境进一步采取行动。

可以运用各种类型的启发技术,如访谈、文件分析、观察、同理心图、竞争分析和市场分析、标杆对照和数据分析,以启发足够的信息,充分识别问题或机会。

此外,在审查已实施或部分实施的解决方案时,评估解决方案绩效的数据可能揭示组织期望的商业价值是否正在实现。预期值和实际值之间的显著差异可能揭示了需要处理的潜在问题或机会。

2.2.3.2 相关干系人

业务分析干系人是可能影响、正在被影响或尚未受到评估中的问题或机会影响的个人、群体或组织。

要全面理解情境,重要的是找到与问题或机会相关的干系人,因为他们将提供对情境的不同见解。

有助于识别干系人的技术包括:

- 客户旅程图
- 头脑风暴
- 访谈
- 文件分析
- 观察

有助于识别干系人的问题包括:

- 谁会受到问题或机会的负面影响?
- 谁会从问题或机会中受益?
- 谁会参与情境?
- 谁会受到情境的影响?
- 谁能影响情境?
- 谁是情境的最终决策者?

2.2.3.3 问题的严重程度或规模

一旦获得了对情境的广泛理解，就有必要收集相关的数据和信息，如市场规模、趋势、增长率、客户、产品和分销渠道，以理解问题或机会的规模，并确定适当的解决方案。

在提出解决方案时，缺乏评估可能导致解决方案的规模要么过小，要么过大，不适应当前情境。数据分析或标杆对照可以用来评估情境，找出问题或机会的规模。

例如，人力资源的流失率对一家公司来说是个问题，但这个问题的严重程度取决于人力资源的类型。如果一家公司失去了知识工作者，那么即使5%的流失率也太高了；然而，对于其他类型的员工，公司可能不认为5%的流失率有什么问题。

将这些指标与行业平均水平进行比较，收集并分析相关数据，可以为了解问题的严重程度提供宝贵的洞见。

2.2.3.4 情境说明书

情境说明书是对问题或机会的客观陈述，包括情境说明、组织面临的情境及由此产生的影响。业务分析从业人员可能使用各种格式，如价值主张来起草情境说明书。重要的不是格式，而是干系人和团队在探索解决方案之前讨论并就情境达成共识。起草情境说明书有助于组织清晰地理解想要解决的问题或抓住的机会。

一旦起草了情境说明书，业务分析从业人员就可以从之前识别的相关干系人那里获得同意。可能需要修订或重新编制情境说明书，直到干系人认可。这是重要的一步，因为该说明书指导了评估业务需要的进一步工作。如果跳过这样的批准，就很难确定是否抓住了当前情境的实质。未能获得所有干系人的意见和批准可能导致解决方案只满足了部分业务需要或根本没有满足业务需要。

一般来说，情境说明书包括以下三个部分。

- 第一部分：问题/机会。问题/机会是需要处理的重要事项。
- 第二部分：直接结果。直接结果是问题/机会与业务影响之间的"桥梁"。它通常是情境说明书中最引人注目的部分——可以看到或感知到的内容。
- 第三部分：业务影响。业务影响是指问题可能给组织带来的成本或机会可能给组织带来的回报。业务影响可能是有形的，也可能是无形的。情境说明书不需要详细阐述业务影响，只需要帮助干系人清楚地识别它。图2-3展示了一个情境说明书的示例。

编制情境说明书的指导方针包括以下内容：

- 将团队聚在一起。

- 确保所有干系人对讨论的内容达成共识。
- 如果情境说明书不是完美的，不要担心——目的是就问题达成共识。
- 请团队专注于业务问题，而不是提供解决方案。
- 当达成共识时结束这个过程——干系人会觉得他们的观点得到了验证。

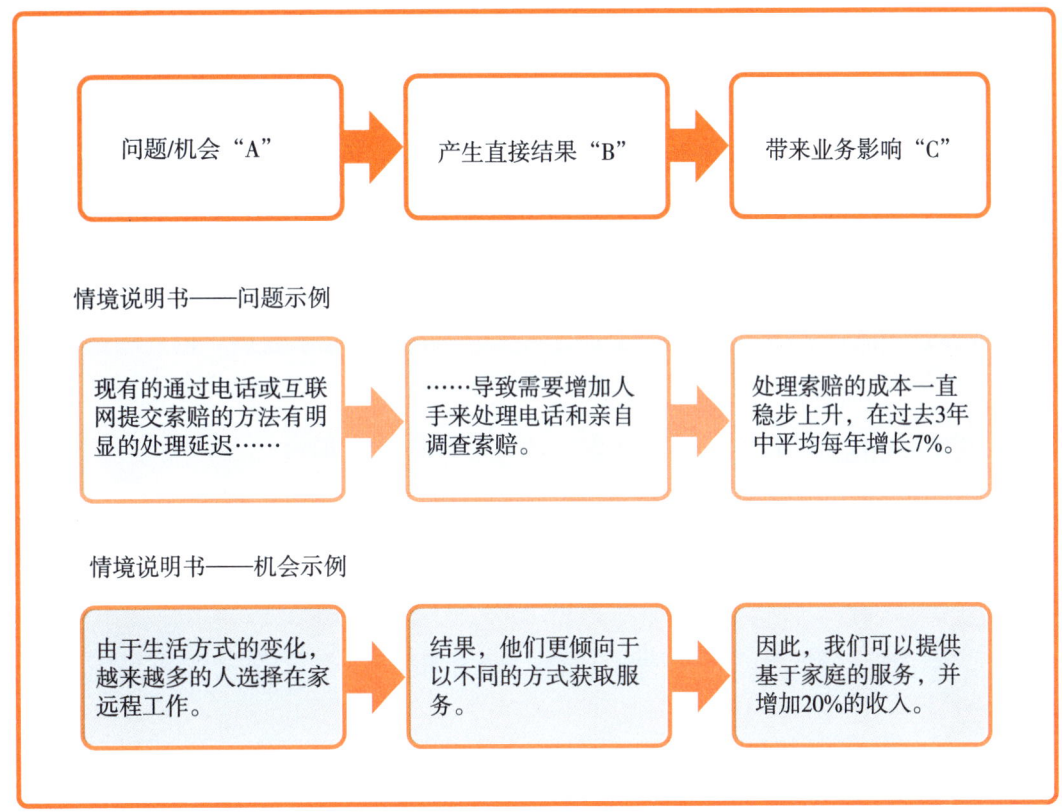

图2-3　情境说明书的示例

2.2.3.5　根本原因

一旦情境被发现、记录并达成共识，就需要在采取行动之前进行分析。在就要解决的问题达成一致后，业务分析从业人员将其分解为根本原因或机会因素，以便充分推荐可行且适当的解决方案。这也有助于验证情境说明书，确保找到了正确的问题或机会。根据在根本原因分析中的发现，干系人可以重新审视情境说明书。

有多种技术可以深入分析问题的原因并找到根本原因，包括但不限于：

- 鱼骨图（石川图）
- "5 Why"法

- 关联图
- 过程分析，包括SIPOC［供应商（Suppliers）、输入（Inputs）、过程（Process）、输出（Outputs）、客户（Customers）］和价值流图
- 帕累托图

2.2.3.6 业务目标和目的

在识别问题/机会的过程中，应审查现有的组织目标和目的，以验证发现的问题或机会。组织目的和目标通常在公司内部战略文件和业务计划中揭示。可以审查这些信息来源，以了解行业及其市场、竞争、当前可用产品、潜在新产品及用于制定组织战略的其他因素。如果公司战略文件和计划不可审查，则可能需要访谈干系人以确定这些信息。

当目标和目的没有明确或不清晰时，业务分析从业人员需要记录它们，以开展依赖于目标和目的的后续工作。目标通常要满足"SMART"标准，如图2-4所示。注意，SMART的定义有细微的变化；这个例子使用的是一种更常见的定义。

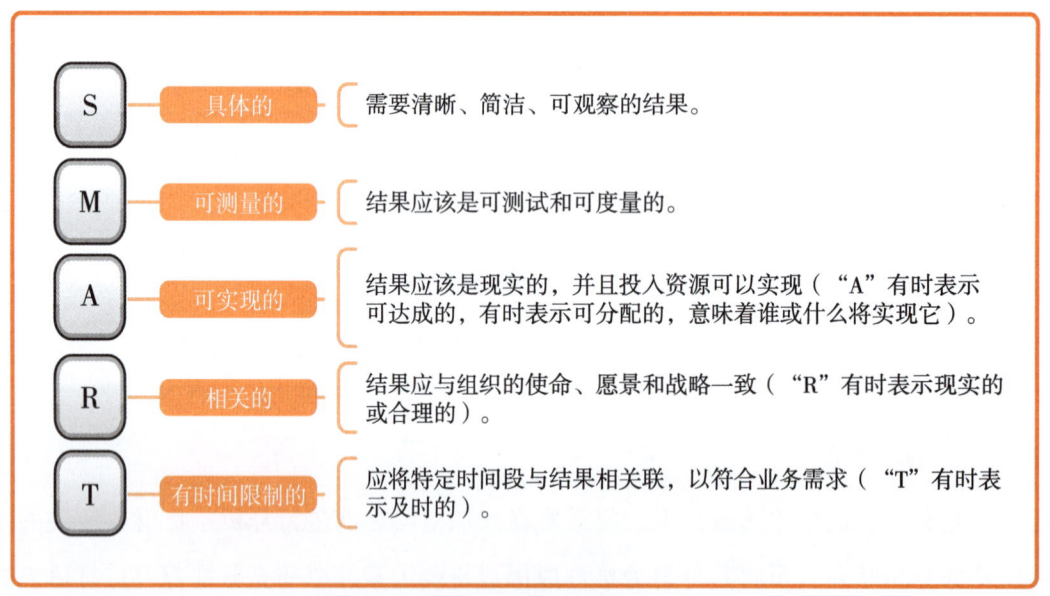

图2-4　SMART目标

图2-5是一个目标、目的和商业论证之间的层次关系示例，包括支持它们的各种策略计划。批准的商业论证用作项目集和项目的输入；然而，并非所有项目都有与之相关的正式商业论证。

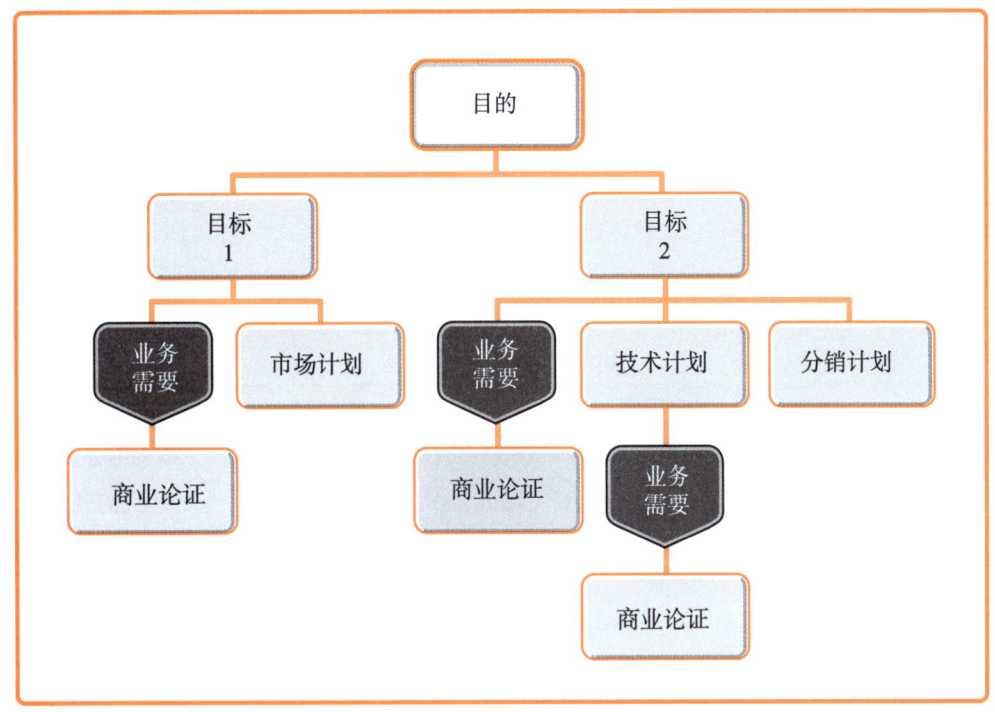

图2-5　目的、目标和商业论证之间的层次关系示例

2.2.4 案例研究：理解情境

"可持续建筑公司"（Sustainable Construction Company, SCC）是一家专门建造环保和可持续房屋的建筑公司。SCC在两年前将其市场拓展到一个新的区域，以增加销售额并在其他气候区域扩大业务。公司设定了一个目标，于1年内在该区域建造并销售125套房屋。6个月过去了，本来预期售出50套房屋，可只售出了25套房屋。

由于这一趋势意味着年底前无法实现目标，领导层要求业务分析团队进行调查并提出适当的解决方案。

乔治和拉尼是SCC的首席业务分析从业人员。他们相互配合，深入了解情境。他们进行了几次在线和面对面的访谈，并分析了最初发布时的业务分析工件和组织战略文件，以确定业务目的和目标。

根据SCC的战略文件，乔治和拉尼确定了以下内容。

- 愿景：把前沿、可持续和负担得起的住房技术带给全世界人民，并因此得到认可。
- 使命：为全世界人民和他们的家庭建造现代、经济、可持续的房屋。
- 口号："为生活而建，为生命而存。"

- 目标：
  - 在年底前销售125套房屋。
  - 实现6000万美元的收入，利润率为40%。

通过访谈和文件分析，乔治和拉尼还确定了干系人，并创建了如表2-1所示的初始干系人登记册。

表2-1 干系人登记册

干系人	态度	冲击程度	影响程度	沟通偏好	地点
政府机构	中立	低	高	书面形式	政府办公室
SCC业务负责人	积极	高	高	书面形式	中心办公室
现有业主	消极	高	低	面对面	当前区域的房屋
潜在购房者	中立	中	中	面对面	附近城市
销售与市场营销团队	中立	低	高	电子邮件	本地办公室和中心办公室
社区成员	消极	低	低	社交媒体和广告	附近城市

通过启发的信息，他们确定了情境的初始要素，以了解问题并与干系人分享。

2.2.4.1 情境说明书要素

- 问题：居民对房屋不感兴趣。
- 结果：房屋的销售不如预期。
- 影响：年底前销售125套房屋的目标岌岌可危。

当继续调查时，乔治和拉尼了解到，SCC公司的房屋在该公司试图扩张的新气候区域中受到了冷遇。与温和气候区域的居民不同，新气候区域的居民对SCC公司的产品不感兴趣，具体表现在开放日的参观者寥寥无几，宣传册和资料袋很少有人索取，样板房前人流稀少。

其结果是浪费了未使用的建筑材料，制定了进入这个气候区域的战略举措的工作人员感到沮丧，以及销售和市场营销努力的失败。

对SCC公司的影响是，将SCC房屋扩展到全球所有气候区域的业务目标失去了动力，以及年底前销售125套房屋的销售目标无法实现。

他们与干系人合作，编制了情境说明书。

2.2.4.2 情境说明书

SCC公司新市场区域的居民对房屋不感兴趣。这导致了销售和市场营销努力的失败，并使SCC公司于年底前在该区域销售125套房屋的目标岌岌可危。

乔治与来自不同部门的跨职能干系人举行了研讨会，他们为了解情境和分析问题的原因做出了贡献。拉尼作为记录者参与。在研讨会期间，乔治使用鱼骨图和"5 Why"法来调查业务问题的潜在原因。研讨会结束时，形成了如图2-6所示的结果。

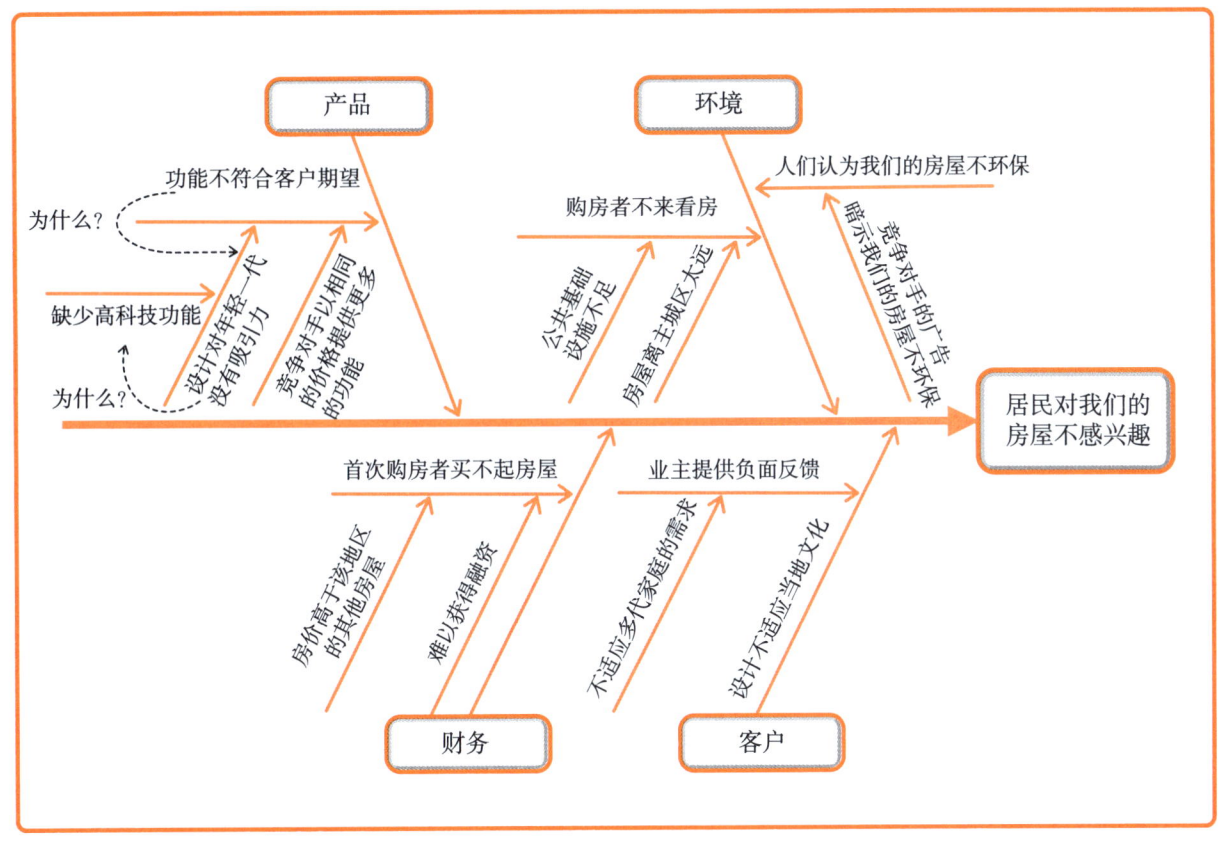

图2-6　使用"5 Why"法探究业务问题的根本原因

2.3　发现差距

业务分析思维模式通过开放信息、倾听干系人并提出探究性问题，使业务分析从业人员将注意力转向理解组织的当前能力及对未来状态的期望。从业人员不变的强烈好奇心确保了对变革背景的全面认识。

2.3.1　概述

在探究了情境的根本原因，达成了对情境的共识并商定了目的之后，业务分析从业人员就促进了对当前状态的理解，并启发了对组织期望状态的想法。这有助于确定当前状态的哪些要素应保持不变，以及需要进行哪些变革来实现期望状态。这被称为"发现差距"（见图 2-7）。

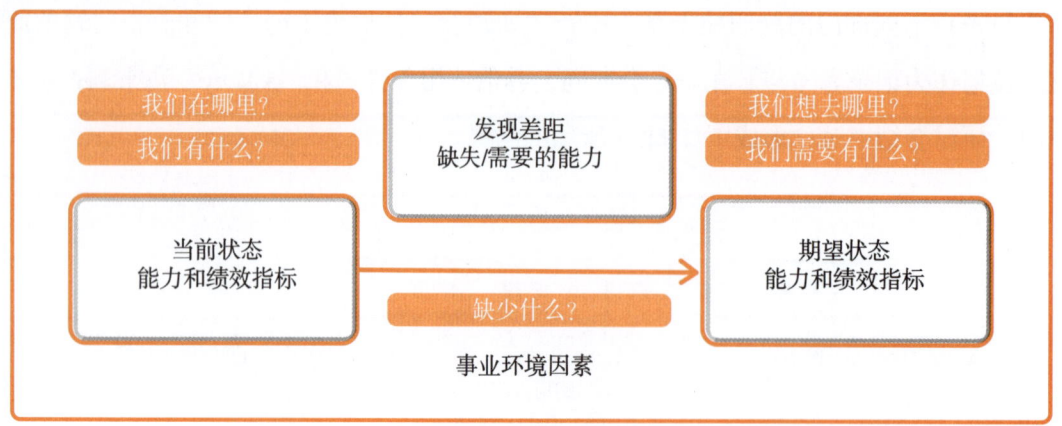

图2-7 发现差距

业务分析从业人员继续发现能力和绩效指标方面的差距，如关键绩效指标（Key Performance Indicators, KPIs）或目标与关键结果（Objectives and Key Results, OKRs）。这些差距指的是组织为了满足期望状态中的业务需要而必须获得的缺失能力和绩效。分析当前能力和期望能力之间的差距可以揭示人员、过程、技术和产品等各个领域中缺失的能力。期望绩效与当前绩效之间的差异是另一个重要的差距。这种分析可以揭示组织离期望绩效有多远，并有助于定义和设定新的目标。

确定了差距后，业务分析从业人员将进行深入启发和分析。这定义了满足业务需要并弥补缺失的能力所需的变化，以确定应保留哪些现有能力以及/或应添加哪些新能力。

这种做法的结果是列出组织为实现期望的未来状态而需要做出的变化。所列出的能力和特性并不提供解决方案。需要进一步分析确定如何交付这些能力和特性。

2.3.2 发现差距的价值

执行"发现差距"的主要好处是识别业务所需的一组能力，以便从当前状态转移到期望的未来状态，从而满足业务需要并创造商业价值。这种方法可以为决策者提供指导信息，使其做出更好的决策，并确定部署资源、集中精力和优先推荐的最佳位置。

在提出解决方案选项之前，业务分析从业人员应识别组织的当前能力，包括那些可能被用来满足业务需要的能力，或者需要添加的新能力。

例如，公司可能拥有通过过程改进或员工重组来解决问题所需的资源或能力。或者，它可能已经具备这些能力，或者其中一些能力成熟度较低，需要通过培训或过程改进来弥补差距。在这些情境下，解决方案通常很容易确定，但并不总是很容易实现。

在某些情境下，可能只需要推荐过程变更而不需要添加新的能力或其他资源。在更复杂的情境下，可能需要新的能力或技能。业务分析从业人员应根据在根本原因分析中的发现或在机会分析中识别的概念和成功因素推荐适当的能力。

2.3.3 如何发现差距

以下步骤概述了如何发现差距。

- 根据情境说明书和已识别的根本原因，确定要分析的领域。
- 识别与正在分析的情境直接相关的内外部因素。可以使用PESTLE［政治（Political）、经济（Economic）、社会（Social）、技术（Technological）、法律（Legal）、环境（Environmental）］、CATWOE［客户（Customer）、行动者（Actor）、转变（Transformation）、世界观（Worldview）、负责人（Owner）、环境（Environment）］等分析方法。
- 分析当前状态（能力和绩效指标）。
  - 使用历史数据建立绩效标准，以评估当前和未来的绩效。
  - 从当前能力分析中获取的历史数据可用于理解趋势，并确定哪些指标是有用的指南，以确定某种能力在当前状态下是否正常发挥作用。
  - 业务能力分析是一种技术，用于从过程、人员能力和组织为履行其使命所使用的其他资源的角度分析绩效。
- 确定期望的未来状态（能力和绩效指标）。
  - 创意产生、分类和分析是确定所需最有效能力的适当工具集。
  - 使用能力表来根据根本原因对当前和期望的能力进行分类。
- 比较当前状态和期望状态，描述差距并量化差异。
  - 差距分析。确定业务需求或目标是否得到满足，如果没有，则确定应该采取哪些步骤来满足它们。

2.3.4 案例研究：发现差距

乔治和拉尼就情境说明书和根本原因与干系人达成了共识，下一步是找出当前状态和期望状态之间的差距。

为了帮助识别与问题根本原因相关的当前能力，他们使用了能力表，评估了组织在人员、过程和技术等不同方面的当前能力（见表2-2）。

表2-2 能力表

高层级原因	根本原因	当前能力/特性	需要的能力/特性
业主提供负面反馈	不适应多代家庭的需求	一间卧室 室内空间灵活，易于改动	基于客户偏好的新房屋设计 满足多代家庭需求的设施 卧室超过两间
	设计不适应当地文化	台面尺寸合适 大窗户	根据客户需求设计几种类型的房屋 探索更好的材料 向现有客户提供低成本的重新设计计划
购房者不来看房	公共基础设施不足	水质差 只能通过手机上网 消防站 连接社区与城市的道路 与地方政府关系良好 社区安静、安全	水质好 高速互联网基础设施 杂货店 更稳定的电力供应 公共交通更便捷、车次更多
	房屋离主城区太远	连接社区与城市的道路 与地方政府关系良好 社区安静、安全	适应社区发展的更好的道路 与公共交通的连接 轻松前往主城区（如"快车道"） 新学校 新的教育系统 现代医疗设施
首次购房者买不起房屋	难以获得融资	国际银行是我们的股东之一	当地银行能够为房屋提供按揭贷款 为基本工作提供财务便利
功能不符合客户期望	缺少高科技功能	与物联网公司合作	新的高科技功能 通过语音控制家电 通过移动应用程序监控温度 更现代化的房屋
人们认为我们的房屋不环保	竞争对手的广告暗示我们的房屋不环保	房屋看起来"普通"而非"昂贵" 销售团队经验不足	"销售特性"的新营销策略 经验丰富的销售代理 把营销重点放在环保产品上
		绿化区域小	更多的绿地 特色植物

然后，他们举行了一次会议，围绕期望状态所需的能力确定想法。为了避免个人相互影响，拉尼主持了一次脑力写作会议来产生想法。乔治作为记录者参与。在收集了会议的想法后，拉尼使用亲和图根据它们与根本原因的关系对想法进行了分类。乔治在完成的能力表的最后一列中添加了最终结果。

2.4 定义解决方案

业务分析思维模式鼓励融合不同视角的想法，依靠与干系人的持续沟通选择最佳解决方案，并对实现目标和实施解决方案做出承诺。业务分析从业人员全面、系统地审视每个解决方案，以识别每个解决方案的预期收益和负面收益。

2.4.1 概述

一旦确定了当前能力和所需能力之间的差距，下一步就是定义解决方案。业务分析从业人员综合考虑通过商业价值评估获得的信息，为选择最佳的项目组合、项目集或项目提供支持，并通过开发决策包来获得关键干系人的认同和批准，决策包包括与解决方案定义相关的各种工件。这些工件可能包括商业论证、产品路线图、高层次解决方案/产品范围或收益实现计划。

2.4.2 定义解决方案的价值

定义解决方案对业务具有极大价值，因为它有助于确保错误的解决方案不会被实施。干系人可能在没有完全理解情境背景的情况下提出解决方案。向关键决策者展示商业价值评估的结果，以及解释为何选择可行选项，可以降低选择不合适解决方案的可能性。

这种做法的主要好处包括：

- 帮助组织以一致的方式分析项目组合、项目集或项目，使决策者能够确定解决方案是否值得所需的投资。
- 提供替代方案，表明这些替代方案已被考虑，并预测支持替代方案的人的反对意见（纳入替代方案的另一个原因是首选方案可能不被接受）。
- 验证解决方案的可行性，并为高管和决策者提供最佳行动方案，以实现业务目的和目标。
- 开发商业论证，这将在项目或项目集启动期间为章程提供有价值的输入，为团队和其他干系人提供业务需要和批准解决方案的简洁、全面的视图。
- 开发路线图，创建和管理干系人对可交付物和潜在交付顺序的共同期望。
- 开发产品/解决方案路线图，允许以更好的方式管理干系人的期望。这使业务分析从业人员能够延缓对干系人需要的决策，或将其推迟到生命周期的后期阶段，而不是拒绝他们的需要，这有助于减少干系人的阻力。

2.4.3 如何定义解决方案

当定义解决方案时，可以使用如图2-8所示的步骤。

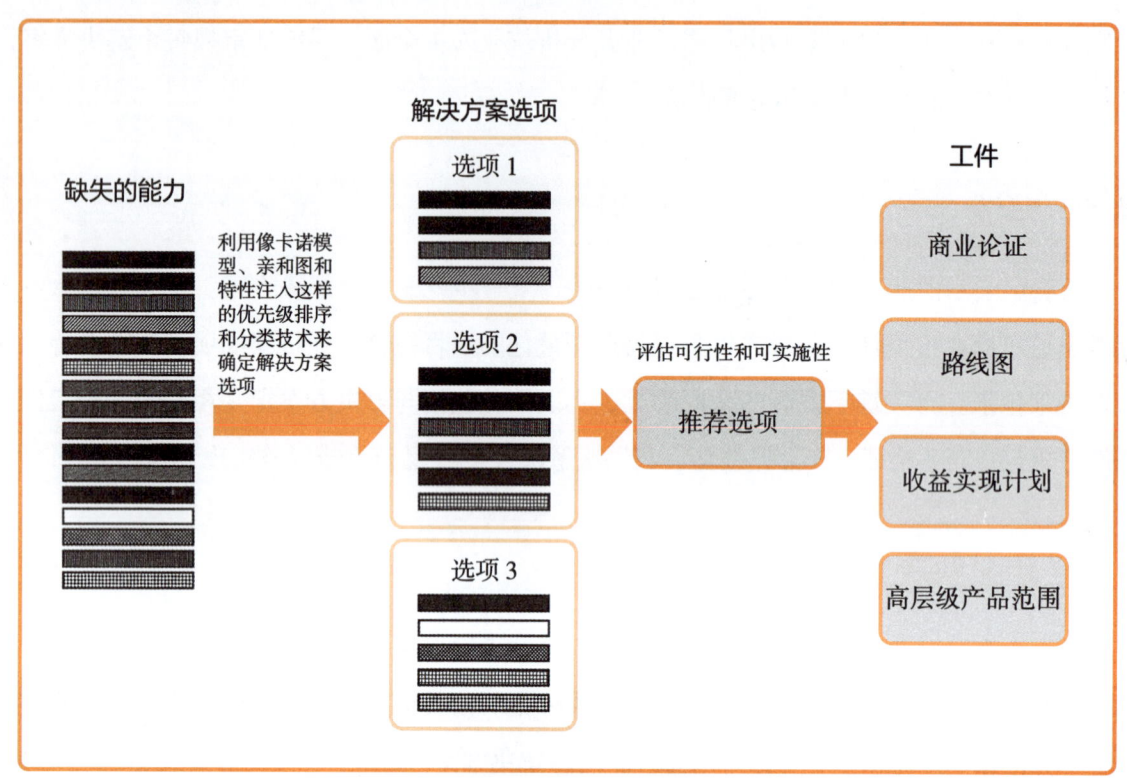

图2-8 定义解决方案

第一，应用各种分析技术来探索实现业务目标的可能解决方案，并确定组织追求的最佳选项，从而确定选项并提出必要的建议。为了获得所有干系人对解决方案的同意和批准，提出弥补这些差距的建议。请注意，所需的特性和功能只是建议的一部分，建议还包括过程、系统、工具、人员，以及提供这些特性和功能并满足业务需要的其他一切的总和。

第二，对每个潜在选项进行分析，识别与这些选项相关的假设、制约因素、风险、依赖性、预期收益和负面收益。

第三，评估每个潜在选项的可行性和可实施性，确定由于不可行而应放弃的选项。评估时应比较潜在的解决方案选项，就每个选项在关键变量或"可行性因素"方面的可行性进行比较。

第四，通过收集从商业价值评估中获得的所有信息来编写商业论证。然后将关键决策者所需的信息打包，以评估项目组合、项目集或项目，并决定它们是否值得投入。只为最可行的选项开发完整的商业论证，以节省宝贵的时间。

第五，让团队参与确定每个选项的解决方案方法。解决方案方法是对交付解决方案所需的考虑和步骤的高层级定义，使业务从当前状态过渡到未来状态。通过开发路线图，业务分析从业人员还提供了部署新能力的高层次方法、替代方案、每种替代方案的可行性及首选的替代顺序。

推荐选项

在审查满足业务需要的潜在选项后，业务分析从业人员需要推荐最可行的选项（见图 2-9）。如果分析完成后只有一个选项被判断为可行，那么在大多数情境下将推荐该选项。当没有可行的选项来满足业务需求时，可能建议什么都不做。当有两个或更多可行选项时，可以基于每个选项满足业务需要的程度来排序。多标准决策分析技术（也称加权排序）是执行这种分析的良好选择。

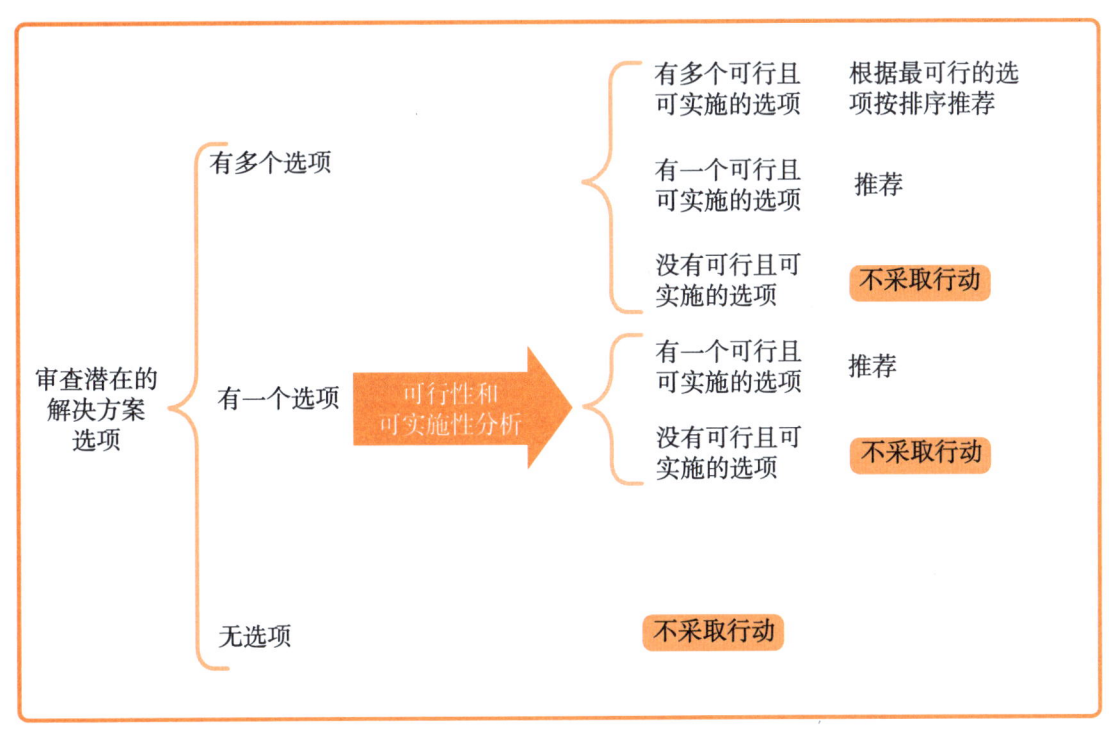

图2-9　推荐最可行的选项

产品路线图。完整的建议包括高层级的提议，说明将如何获得所需的能力。这种方法不是一个详细的项目管理计划，也不包括项目章程的细节级别。相反，它是增加能力的推荐路径。产品路线图提供了关于产品的重要信息，让人深入了解产品愿景，以及产品将如何随着时间的推移支持组织战略、业务目标和目的。

路线图可能有多种形式。它可以是一个为解决方案添加高层级特性的时间表，也可以是一个灵活的计划，展示如何通过保持选项开放，以及随着时间的推移和信息的变化使用实物期权技术来决定如何整合不同的潜在解决方案。

当建议包括新的或修改过的高科技解决方案时,业务分析从业人员会从业务和技术专家那里征求初步反馈。

商业论证。商业论证提供了信息,以确定组织是否应该解决某个问题或抓住某个机会。它提供了有据可查的可行性研究,确立了项目、项目集或项目组合交付收益的有效性,并回答了"我们为什么要投资这项举措"这个问题。商业论证探讨了问题或机会的性质,提出了其根本原因或成功的关键因素,并着眼于有助于提出完整建议的许多方面。

商业论证不仅仅是简单的输入,还是一个在整个项目集或项目中不断被引用的动态文档。随着时间的推移,可能有必要根据项目集或项目进展过程中的发现审查和更新商业论证。

商业论证的最小组件集应包括以下内容:

- **问题/机会**。这是对需要采取行动的问题/机会的明确说明。使用情境说明书或类似方法记录项目或项目集需要处理的业务问题或机会。包括相关数据以评估情境,并确定受影响的干系人或干系人群体。

- **情境分析**。这是一份组织目的和目标清单,用于评估潜在解决方案如何支持和促进它们。包括问题的根本原因或机会的主要促成因素。通过相关数据支持分析以确认合理性。包括所需能力与当前能力,它们之间的差距将形成项目或项目集的目标。

- **推荐选项**。这是每个潜在选项的可行性。指定每个选项的任何制约因素、假设、风险和依赖性。排列替代方案的顺序,并列出推荐选项,包括为什么推荐它及为什么不推荐其他选项。总结推荐选项的成本收益分析,包括实施方法,以及里程碑、依赖关系、角色、责任和变更管理等因素。

- **评估**。这是衡量收益实现的计划。该计划通常包括财务指标(如投资回报率、销售额或其他指标)和非财务指标[如净推荐值(Net Promoter Score, NPS)、员工流失率等],以评估解决方案如何为组织目的和目标做出贡献。考虑为获取和报告这些指标可能需要进行的任何额外工作的时间和成本。

业务分析从业人员为解决方案的预期收益和负面收益提供指标,描述解决方案的预期收益和负面收益将如何及何时实现,以及应该建立哪些机制来衡量它们。负面收益的衡量应遵循与收益管理相似的活动和过程。它们应该像收益一样被识别、分类、量化和测量。

2.4.4 案例研究：定义解决方案

现在，乔治和拉尼与干系人合作进行差距分析。通过与干系人合作，并将当前能力与所需能力进行比较，他们确定了若干差距，并通过与干系人的讨论确定了填补这些差距并增加缺失能力的解决方案组件。他们使用亲和图，根据开发或背景的相似性，以及每种能力解决的根本原因，将所需能力分为不同的类别。结果是七个解决方案选项，如图2-10所示。

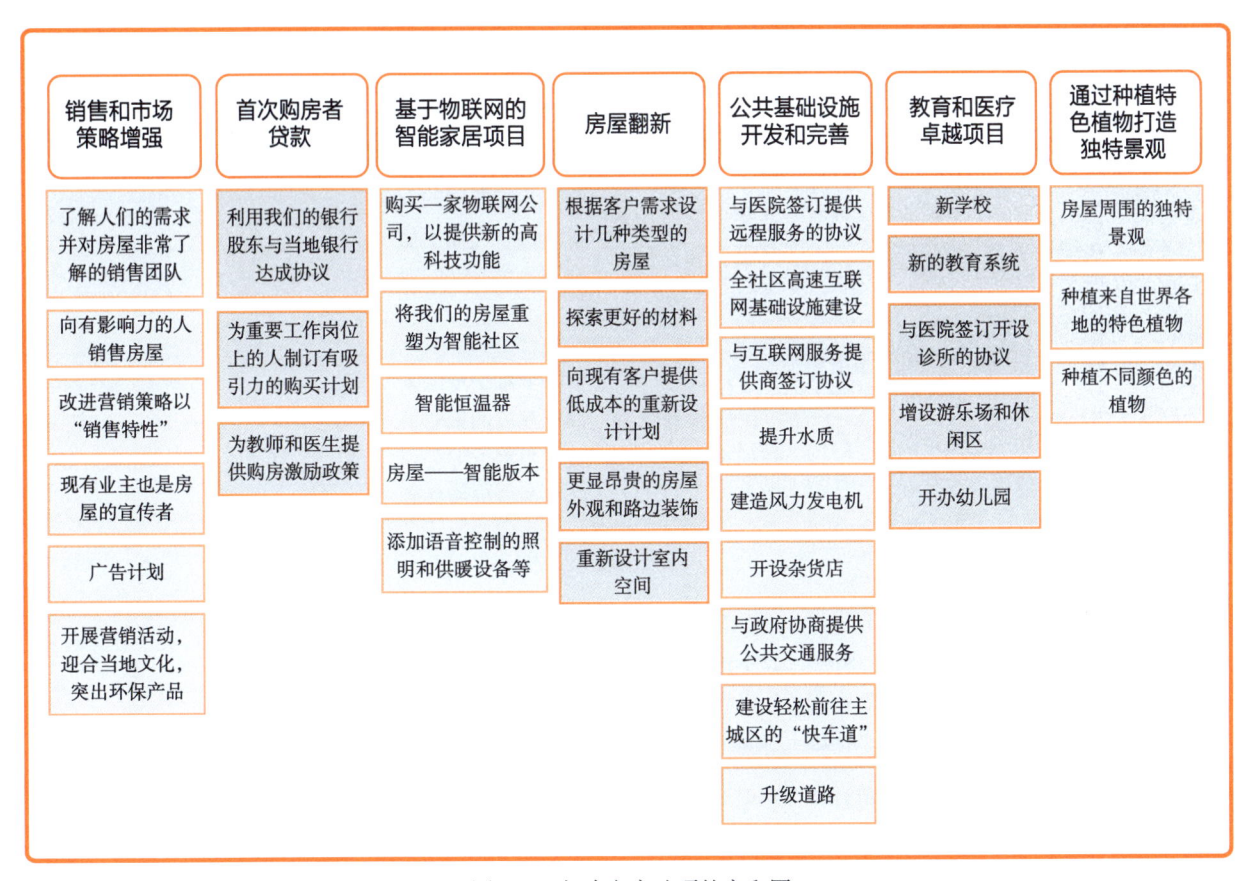

销售和市场策略增强	首次购房者贷款	基于物联网的智能家居项目	房屋翻新	公共基础设施开发和完善	教育和医疗卓越项目	通过种植特色植物打造独特景观
了解人们的需求并对房屋非常了解的销售团队	利用我们的银行股东与当地银行达成协议	购买一家物联网公司，以提供新的高科技功能	根据客户需求设计几种类型的房屋	与医院签订提供远程服务的协议	新学校	房屋周围的独特景观
向有影响力的人销售房屋	为重要工作岗位上的人制订有吸引力的购买计划	将我们的房屋重塑为智能社区	探索更好的材料	全社区高速互联网基础设施建设	新的教育系统	种植来自世界各地的特色植物
改进营销策略以"销售特性"	为教师和医生提供购房激励政策	智能恒温器	向现有客户提供低成本的重新设计计划	与互联网服务提供商签订协议	与医院签订开设诊所的协议	种植不同颜色的植物
现有业主也是房屋的宣传者		房屋——智能版本	更显昂贵的房屋外观和路边装饰	提升水质	增设游乐场和休闲区	
广告计划		添加语音控制的照明和供暖设备等	重新设计室内空间	建造风力发电机	开办幼儿园	
开展营销活动，迎合当地文化，突出环保产品				开设杂货店		
				与政府协商提供公共交通服务		
				建设轻松前往主城区的"快车道"		
				升级道路		

图2-10 解决方案选项的亲和图

通过识别与选项相关的制约因素、假设和风险，乔治和拉尼对每个解决方案选项进行了可行性分析（见表2-3），然后根据运营、技术、财务和时间可行性评估每个选项。

表2-3 使用多标准决策分析技术的可行性分析

解决方案编号	解决方案名称	制约因素	假设	风险	运营可行性 20%	技术可行性 20%	财务可行性 35%	时间可行性 25%	加权得分
选项A	房屋翻新	结构或支撑墙不能改变	业主将支付部分（%）翻新成本；重新设计只会影响即将建造的新房屋	人们可能不会因为新房屋设计而购买未售出的24套房屋	8	10	10	10	9.8
选项B	基于物联网的智能家居项目	该地区的互联网服务提供商有限	每个人都使用智能手机；解决方案可以使用蜂窝服务和任何互联网服务提供商	频繁停电可能影响基于物联网的设备（由于气候不稳定）	8	7	9	10	8.6
选项C	销售和市场策略增强	必须在基于物联网的项目和重新设计项目之后完成（时间约束）；SCC公司有预算限制	在广告开始前其他两个项目已完成	竞争对手可能采取更积极的策略，或者根据SCC公司的当前发展改变它们的策略	8	10	10	6	8.2
选项D	首次购房者贷款	并非所有客户都是首次购房者；关于首次购房者的信息不足	作为SCC公司股东的ABC银行可以与当地银行达成协议	可能没有足够多的首次购房者	6	10	8	8	8
选项E	通过种植特色植物打造独特景观	SCC公司打算栽种大型植物；将它们移至该地区的方式有限	美丽的景观和特色植物会吸引人们	由于气候原因，植物可能无法存活	4	7	6	10	6.8
选项F	公共基础设施开发和完善	该地区缺少专家来确定公共基础设施发展的需要	政府将承担大部分预算	SCC公司可能无法获得开发公共基础设施所需的劳动力	7	7	5	7	6.3
选项G	教育和医疗卓越项目	SCC公司不能降价超过10%	财务激励政策足以吸引医生和教师	销售和市场策略可能无法吸引医生和教师	7	7	5	6	6.05

注：得分（1~10）：1——可行性低；10——可行性高。如果在任何类别中的可行性得分小于5，则不考虑该选项。

在一次有SCC公司负责人参加的研讨会上，他们为每个可行性标准分配了相对权重，并相应地对每个解决方案选项进行了评分。

基于可行性分析，得分最高的两个解决方案选项如下：

- 房屋翻新项目
- 基于物联网的智能家居项目

为了阐释这些项目的非财务价值和理由，乔治和拉尼对得分最高的选项进行了力场分析。图2-11显示了基于物联网的智能家居项目的分析结果。

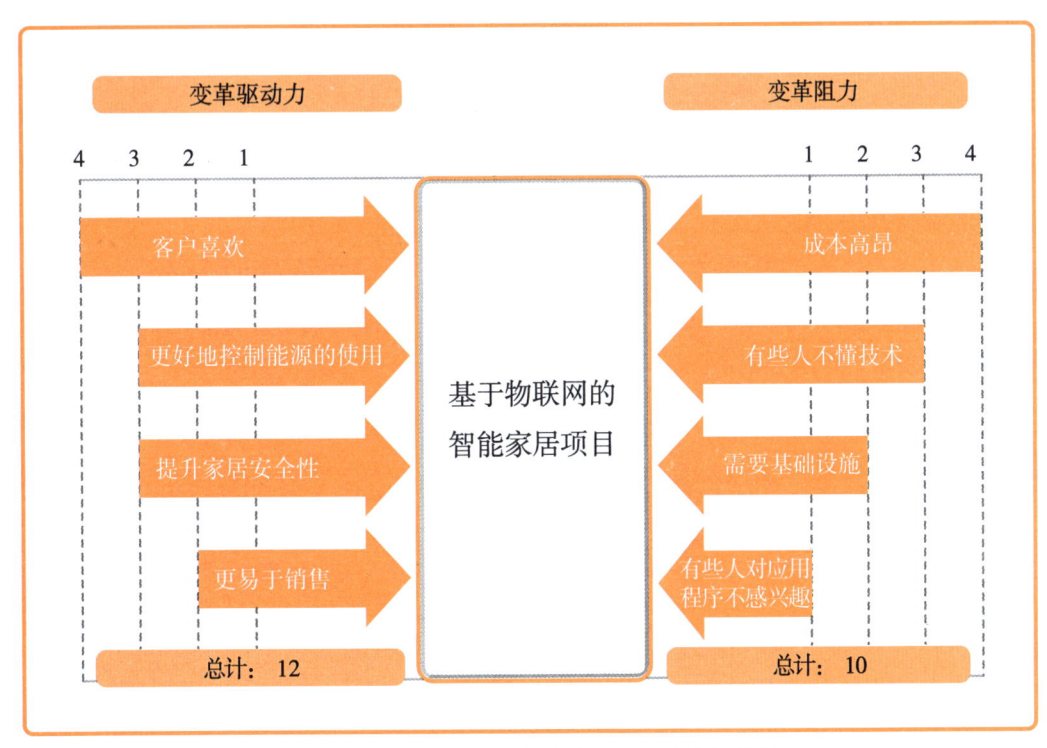

图2-11　基于物联网的智能家居项目的力场分析

选项E由于在运营可行性上的得分低于5分而被拒绝。选项F和G目前在财务上不可行，但如果获得融资或在年底前销售超过100套房屋，它们将变得可行。通过使用实质选择权技术，乔治和拉尼确定了两个决策的截止日期（见图2-12）。

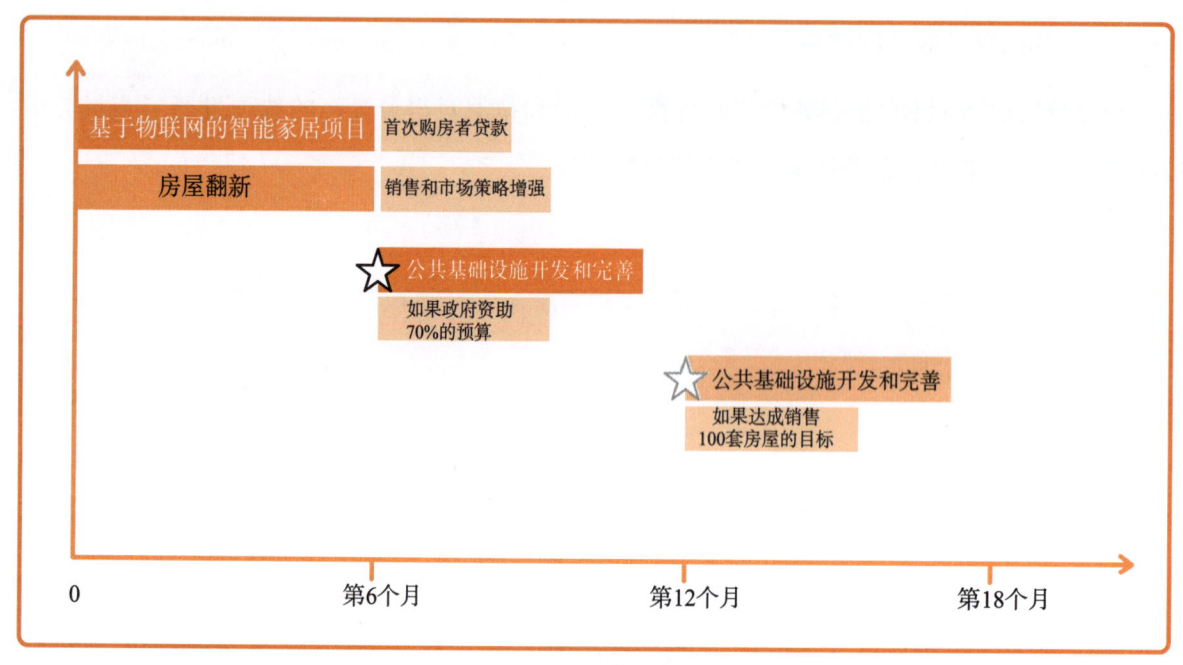

```
基于物联网的智能家居项目    首次购房者贷款
房屋翻新                    销售和市场策略增强
              ★ 公共基础设施开发和完善
                 如果政府资助
                 70%的预算
                                    ★ 公共基础设施开发和完善
                                       如果达成销售
                                       100套房屋的目标

0            第6个月          第12个月          第18个月
```

图2-12 产品路线图

- 如果一项债券法案获得通过，政府将为该举措资助70%的预算。
- SCC公司销售超过100套房屋。

在这种情境下，推进"公共基础设施开发和完善"举措将是可行的。

在与包括发起人和指定的项目经理在内的高级领导层就商业论证进行合作时，乔治和拉尼揭示了之前未定义的业务目标。

- 业务目标1：实现6000万美元的收入，利润率为40%。
- 业务目标2：在20××年年底前销售125套房屋。
- 业务目标3：到20××年年底，客户NPS（净推荐值）≥40。

乔治和拉尼将业务目标和项目目标进行建模，从而确认一致性，如图2-13所示（这也可能在解决方案细化时用于详细阐述和跟踪）。他们也更新了收益管理计划，如表2-4所示。

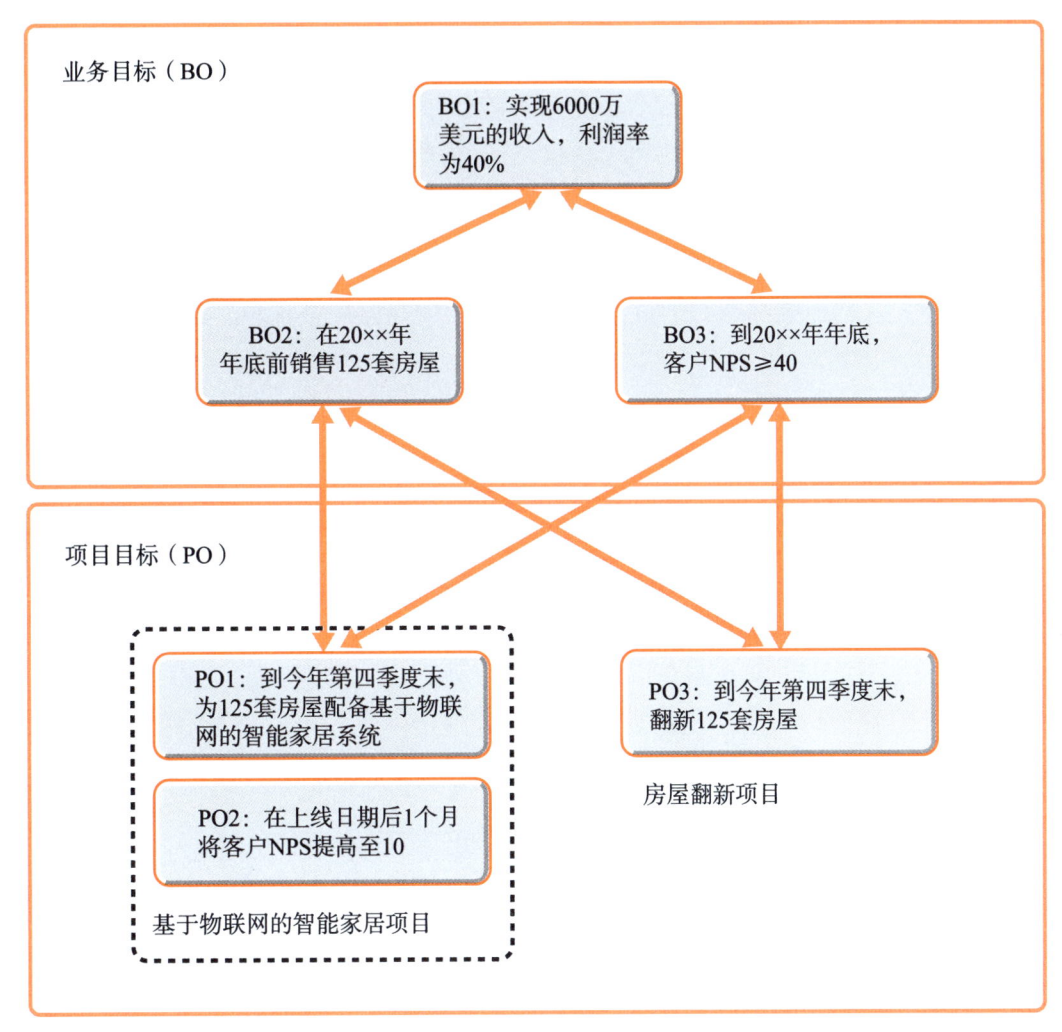

图2-13 业务目标与项目目标的关系

表2-4 收益管理计划

收益	指标	基准	业务预期目标	时间框架
销售强劲	售出房屋数量	25套	125套	到20××年第二季度末（每2个月检查一次）
收入增加	收入（美元）	1200万美元，利润率为0%	6000万美元，利润率为40%	到20××年第二季度末（每2个月检查一次）
客户满意度提升	NPS（净推荐值）	−30	40	在新房调整后的1个月和6个月进行审查（共2次）

他们继续与领导层合作，完成这些变更，并编制商业论证，提交给SCC公司业务负责人进行审查和批准。

第3章

业务分析规划领域

3.1 引言

业务分析规划的实施方式在很大程度上取决于所采用的项目方法，无论是预测型、适应型还是混合型。适当规模的规划对业务分析工作至关重要，无论这项工作是在项目开始时一次性完成的，还是在整个过程中迭代进行的。规划时的正式程度和严谨程度将反映干系人的需求、治理及规划成果的预期用途。

3.1.1 本领域的预期内容

业务分析规划包括三个关键实践，这些实践使业务分析从业人员和干系人对项目中的业务分析工作有所了解。无论是正式还是非正式地进行，无论是详细规划还是作为适应型工作固定节奏的一部分，每个业务分析从业人员都与干系人就业务分析工作设定了期望。本领域的三个关键实践包括：

- **理解业务分析治理**。它考虑将对业务分析工作产生影响的内部和外部强制性法规、规则、政策和决策指导方针。
- **确定干系人参与方法**。它识别和评估干系人，以及他们与项目的关系，并了解他们对建设性地参与业务分析工作有何帮助。
- **规划业务分析工作**。它探索将为项目增加价值并最好地满足业务需要的业务分析活动，确定执行这些活动的严谨程度和正式程度，并确定为这些活动设定期望的最佳方式。

对这些实践的裁剪明显受到项目方法的影响，无论是预测型、适应型还是混合型。然而，即使在预测型环境中，随着治理、干系人格局和业务分析活动的价值主张不断演变，这些实践也可能是迭代的。

3.1.2 本领域实践的主要收益

与正确的干系人协作规划业务分析工作，在组织和项目背景下选择适当的详细程度和正式程度，可以带来多重收益：团队成员和其他干系人对要完成的业务分析工作有共同、清晰的期望；活动更有可能充分利用组织时间，从而最小化浪费；参与业务分析活动的人员更加投入，并对业务分析工作更加支持。

3.1.3 本领域回答的关键问题

- 规划和执行业务分析活动时需要考虑哪些治理框架？
- 业务分析从业人员如何识别将影响或受业务分析活动影响的干系人？如何与他们互动？
- 业务分析活动是什么？应如何进行规模调整和裁剪，从而在项目的边界内外增加价值？
- 适应型、预测型或混合型方法的选择如何影响业务分析规划和业务分析活动的执行？

3.2 理解业务分析治理

当理解业务分析治理的方法时，业务分析思维有助于业务分析从业人员全面、整体地思考，为业务分析工作的开展奠定基础。

3.2.1 概述

业务分析从业人员需要理解影响其项目的业务分析指导方针、业务规则、标准和法规。根据行业、组织、解决方案的复杂性和风险水平，业务分析从业人员通常需要与治理类别中的一个或多个角色合作。被视为治理的组成部分的角色包括法律、风险、发布管理、变更控制委员会、DevOps（用于协调活动和改善开发与运营领域之间的协作）、项目管理办公室、价值交付办公室、业务分析卓越中心负责人、合规审计员或官员。

这些干系人提供了有关法规、审计义务、业务规则和产品团队必须支持和遵守的组织过程的重要见解。业务分析从业人员与这些角色合作，确保产品开发过程（包括需求管理和产品信息管理）按要求执行。

治理影响决策过程，包括谁在何时做出决策，以及谁在何时批准关键可交付物。业务分析从业人员应在需要这些决策和批准之前，澄清与需求和产品信息、解决方案变更和组织过渡（继续/停止）相关的决策和批准将如何处理。

许多项目在治理规划方面要求不多。小型组织中的部门、非监管性项目可能没有太多的治理约束其项目。受监管行业的大型、跨职能、监管性项目可能有很多业务分析工作，这些工作需要按照多重规则执行。治理的许多方面，如监管约束、审计义务和业务规则，无论是采用预测型还是适应型方法，都与项目有关。

3.2.2 理解业务分析治理的价值

支持并符合治理框架的业务分析活动和决策有助于降低与不合规相关的产品和组织风险，包括数据安全、信息共享和法律风险。符合规定的组织过程可能通过使用组织内其他人共享和理解的语言、过程和实践来提高效率。

确定谁负责关键决策，包括需求批准、需求优先级、需求变更批准，以及何时与是否继续实施，可以减少干系人之间的冲突。与干系人合作定义决策的"谁、什么、何时"，有助于在需要决策时加快决策过程，并将精力集中在业务分析活动上。

在规划如何与干系人互动和进行其他业务分析活动时，理解业务分析治理为业务分析从业人员奠定了成功基础。业务分析从业人员花费时间识别和理解与解决方案的定义、开发和实施相关的治理框架，从而能够向干系人传达这些框架。这种共同理解意味着每个人都可以为降低风险、最小化浪费和促进组织业务分析良好实践的发展做出贡献。

3.2.3 如何理解业务分析治理

理解业务分析治理的框架主要是调查工作，以找出需要遵循的强制性政策、程序、规则或治理的其他方面。它包括理解可能与业务分析工作相关的治理结构，以及对期望以特定方式进行业务分析工作的干系人来说很重要的治理结构。对于这种实践，业务分析从业人员在组织内及组织外（如外部法规影响项目时）与干系人建立联系。创建或使用的工件可能包括组织人员或人力资源职能部门的政策文件；项目、项目集或价值管理办公室；外部监管机构；组织业务规则、目录或存储库；以前项目的工件和记录。为确认对业务分析相关决策的角色和责任的理解，可能创建并共享责任分配矩阵。

3.2.4 案例研究：理解业务分析治理

商业论证由参与其开发的高级领导者批准。参与商业论证开发的项目经理随后与发起人合作，为房屋翻新项目和基于物联网的智能家居项目制定项目章程。

乔治被指定为房屋翻新项目的首席业务分析从业人员，他使用预测型方法。拉尼被指定为基于物联网的智能家居项目的首席业务分析从业人员,她使用适应型方法。

当团队了解商业论证并开始考虑项目的业务分析工作时,乔治和拉尼花时间了解到,其团队需要理解业务分析治理及它将如何影响业务分析工作。SCC公司有一个价值交付办公室,因此乔治和拉尼安排时间与价值交付办公室讨论业务分析工作的要求。乔治的上一个SCC公司项目是在价值交付办公室的指导下进行的,因此他对治理将如何影响项目的工作比较了解。他回顾了先前项目中的业务分析可交付物,包括业务分析计划,作为确定项目适当治理水平的起点。他确定了以下乔治和拉尼都需要遵守的规则:

- 业务分析文件必须保存在价值交付办公室分配给项目的SCC公司在线存储库中的文件夹中。
- 商业论证需要每季度审查,必要时更新,并每季度进行版本控制。
- 业务分析可交付物,包括业务分析计划、需求跟踪矩阵(如果使用)和责任分配矩阵,对除首席业务分析从业人员外的所有人设置为只读。

自乔治的上一个项目以来,价值交付办公室已经开发了一个责任分配矩阵,使用预测型方法确定了与所有SCC公司项目相关的业务分析工作的决策角色和责任(见表3-1)。

表3-1 治理责任分配矩阵

团队成员	关键决策或决策类型						
	需要审批(多数同意)	需要审批格式	需要优先级(多数同意)	需要变更审批	需要变更审批格式	继续/停止决策	继续/停止决策审批格式
业务分析从业人员	C	—	C	C	—	C	—
项目经理	D	电子邮件审批	C	C	—	D	数字签名
发起人	S	数字签名	S	S	数字签名	D/S	数字签名
变更控制委员会	—	—	—	D/S	数字签名	I	—
施工负责人	D	电子邮件审批	D	C	—	D	数字签名
销售与市场负责人	D	电子邮件审批	D	C	—	D	数字签名

注:D = Decision-making participant – vote on decision:决策参与者——对决策进行投票;
I = Informed about decision after it is made:在决策做出后被告知;
S = Sign-off required (digital signature):需要签字(数字签名);
C = Consulted before decision is made:在做出决策前进行咨询。

各方同意,所有批准都将接受数字签名。

拉尼与乔治讨论了她对物联网项目治理的想法。拉尼确认,由于她的团队将使用适应型方法，决策将作为过程的一部分进行处理，并由团队角色决定。具体来说，产品负责人将与开发团队协商做出所有决策。

3.3 确定干系人参与方法

业务分析思维促进了对所有干系人的发现，包括那些可能不会为自己发声的人，并创造性地利用不同的方式获得他们的参与。

3.3.1 概述

术语"干系人"意味着被定义为干系人的人必然是参与项目的人。毕竟，他们对组织正在做的事情有"利益"。正如任何项目专业人士所知道的，假设干系人已经参与进来可能是有风险的。项目对执行它的人来说可能是高优先级的，但对那些没有直接参与的人来说则不然，有很多项目和活动会分散他们的注意力。业务分析从业人员要不断地争夺干系人的注意力。获得并保持他们注意力的唯一方法是制订结构良好并得到良好执行的计划，以确定干系人参与方法。

重要的是要记住，规划干系人参与方法并不意味着制订一个固定的行动方案。商业环境是不断发展的，可能迅速变化，特别是当它们与干系人相关时。人员可能流动或担任不同的职务。组织会变化、转型和重组。外部环境不断变化，将干系人拉向不同的方向——有时是字面意义上的，如全球新冠疫情使大多数办公室工作人员在一段不确定的时间内转为远程工作。

干系人参与方法不仅需要考虑干系人是谁和他们在哪里，还需要考虑更大的干系人背景，这影响了干系人参与将如何实现和维持。例如：

- 干系人对业务分析活动的期望是什么？
- 干系人知道良好的业务分析是什么样的吗？
- 干系人偏好的沟通方式是什么？
- 干系人的可接触性如何？
- 业务分析实践方面的组织文化是怎样的？
- 应该关注哪些治理框架？干系人是否熟悉它们？

在项目的一个具体规划点上考虑每个可能影响干系人参与的因素是不可能的。相反，有效争取干系人的方法应该是业务分析从业人员通过思考最初的问题（如前面提到的这些问题），在整个项目过程中保持对干系人环境的认识和好奇心，从而为成功奠定基础。有效的业务分析从业人员应该总是问："我是不是遗漏了什么人？"或者"我需要联系的关键干系人是不是在失去兴趣？"

3.3.2 确定干系人参与方法的价值

干系人参与可能是任何人提升成功可能性的最有效方式——无论成功如何定义。如果没有干系人参与，那么即使是最出色的业务分析实践也只能产生很少的价值；有了干系人参与，障碍可以被克服，困难时期也会有支持，共享的目标也得以实现。不参与的干系人与价值缺失之间的关系是复杂的，参与的干系人与增值活动和成果之间的关系也是如此。

3.3.3 如何确定干系人参与方法

识别、澄清、优先排序和说明不断变化的干系人格局应该在整个项目中进行。使用多种技术来理解和吸引干系人，其结果可能被记录在干系人登记册或干系人参与评估矩阵中。

3.3.4 案例研究：确定干系人参与方法

为了识别与解决方案相关的干系人，乔治和拉尼创建了一张洋葱图（见图3-1），因为它有助于识别不同层次的干系人——从项目团队到团队和组织之外的人。

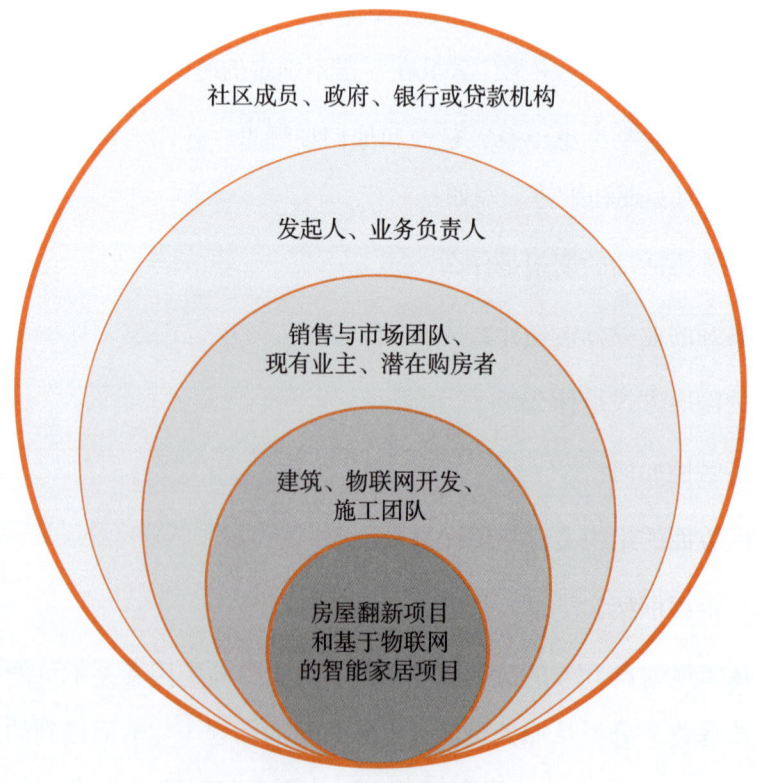

图3-1 干系人洋葱图

案例研究中洋葱图的层次如下：

- 第1层（可选的核心层）——从中心开始定义项目。

    - 房屋翻新项目
    - 基于物联网的智能家居项目

- 第2层——执行项目或创建产品的团队。

    - SCC公司的建筑团队
    - SCC公司的物联网开发团队
    - SCC公司的施工团队

- 第3层——直接受到新项目或产品变化影响的团队或个人。例如，将使用引入业务的新解决方案的团队。

    - SCC公司的销售与市场团队
    - 现有业主
    - 潜在购房者

- 第4层——定期与第3层中的人互动的团队或个人。这一层可能包括发起人、业务负责人，或者与受影响者互动的其他人员。

    - 发起人
    - 业务负责人

- 第5层——任何可以直接影响需求或将受到项目或产品带来的变化影响的外部干系人。例如，监管机构、客户或供应商。

    - 社区成员
    - 政府
    - 银行或贷款机构

3.3.4.1　评估干系人参与

一旦确定了干系人，乔治和拉尼就要评估这些不同的干系人在当前状态下如何参与，以及为了成功实现解决方案的期望状态，他们的参与需要在多大程度上被改变。鉴于他们的项目有非常相似的干系人，为了避免冗余，乔治和拉尼相互配合，并与各自的项目经理合作，评估他们干系人的参与程度。为了支持这种评估，他们使用了干系人参与度评估矩阵，如表3-2所示。

表3-2 干系人参与度评估矩阵

干系人	不了解	抵触	中立	支持	领导	行动	负责人
SCC公司业务负责人				当前期望		每季度更新和审查商业论证	乔治（业务分析从业人员）
销售与市场团队			当前		期望	提供基于销售增长的奖金激励 规划更具战略性的房屋广告	销售总监
建筑团队		当前			期望	SCC公司将资助他们在世界建筑大会上展示最终的作品	建筑负责人
物联网开发团队				当前期望		根据报告的错误和用户满意度得分提供奖金激励	SCC公司业务负责人
施工团队			当前		期望	基于质量检查提供奖金激励	项目经理
潜在购房者	当前				期望	提供物联网设置和购房后免费使用1年	销售与市场团队
现有业主		当前		当前		为焦点小组提供便利，并提供参与激励 为降低成本而提供房屋装修补贴	销售与市场团队
社区成员		当前	期望			举办教育开放日活动，提供免费茶点和小礼品	销售与市场团队
政府			当前		期望	在报纸上发表一篇关于公共基础设施缺乏的文章	项目经理
银行或贷款机构			当前	期望		SCC公司业务负责人与银行或贷款机构签订提供融资的协议	SCC公司业务负责人

乔治和拉尼考虑干系人的类型，并确定两个关键角色作为关注点：现有业主和首次购房者。由于业主和购房者的数量太多，无法单独考虑，乔治和拉尼与拉尼项目上的产品负责人，以及乔治项目上的发起人和关键团队成员合作，初步开发人物画像（见图3-2和表3-3）。

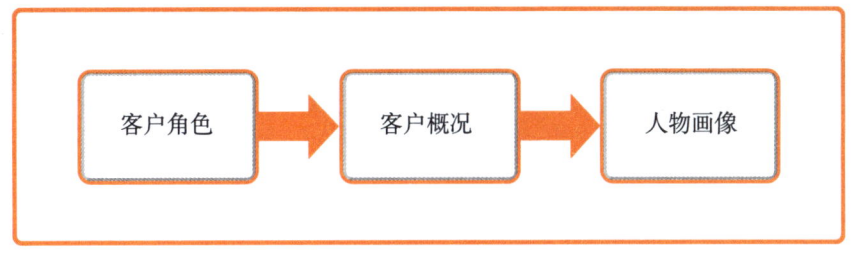

图3-2 开发人物画像以更好地与客户建立联系

表3-3 人物画像（现有业主和首次购房者）

	人物画像	
	现有业主	首次购房者
背景：该角色典型人物有哪些	这个人是家中三四代人的户主，是主要的养家糊口者，关心的是使家庭对于每个人都安全舒适。这个人希望确保每个人都能积极地为家庭的日常活动做出贡献	典型的首次购房者是一对年轻、专业的夫妇，他们将家作为工作和生活的基地
人口统计：该角色典型人物的统计数据是什么	• 全职工作 • 50~60岁 • 希望有一天能在家里退休，并希望与家人在家里享受退休生活	• 全职工作 • 35~40岁 • 精通技术，并能迅速地将新技术应用于日常生活 • 参与气候变化举措
目标：该角色典型人物与家有关的目标是什么	这个人希望家既是维持传统家庭结构的手段，同时又足够灵活和现代化，满足各代人对现代房屋的期望	他们正在寻找自己的第一套房屋，希望在他们外出时，房屋易于维护和监控。他们有家人和朋友来访，需要能够方便地招待他们而不受干扰
痛点：对于该角色典型人物，当前状态有什么问题	厨房不允许每个人在准备饭菜时合作。残疾人在家中的某些地方难以通行。在私人工作时，空间不能灵活地封闭	当前的模式对这一群体没有吸引力，因为它的风格过于传统，而且不提供远程操作和监控公用事业和电器的技术
协作者：在做出关于家的决策时，应考虑谁的想法	业主的主要协作者是其配偶，配偶也在工作并在经济上支撑家庭。其他家庭成员也参与了家庭的运作，他们的需求很重要，需要加以考虑，以保持他们对家庭团结的兴趣	这种潜在购房者会与配偶商量，并考虑家人和朋友来访的需求

乔治和拉尼的团队使用客户资料开发了几个角色，以便在开展房屋翻新和基于物联网的智能家居项目时，更容易与客户讨论并建立联系。他们对人物画像进行了一些有趣的研究，提出了以下角色：

- 亨利，户主业主（见图3-3）。
- 莎拉，精通技术的首次购房者（见图3-4）。

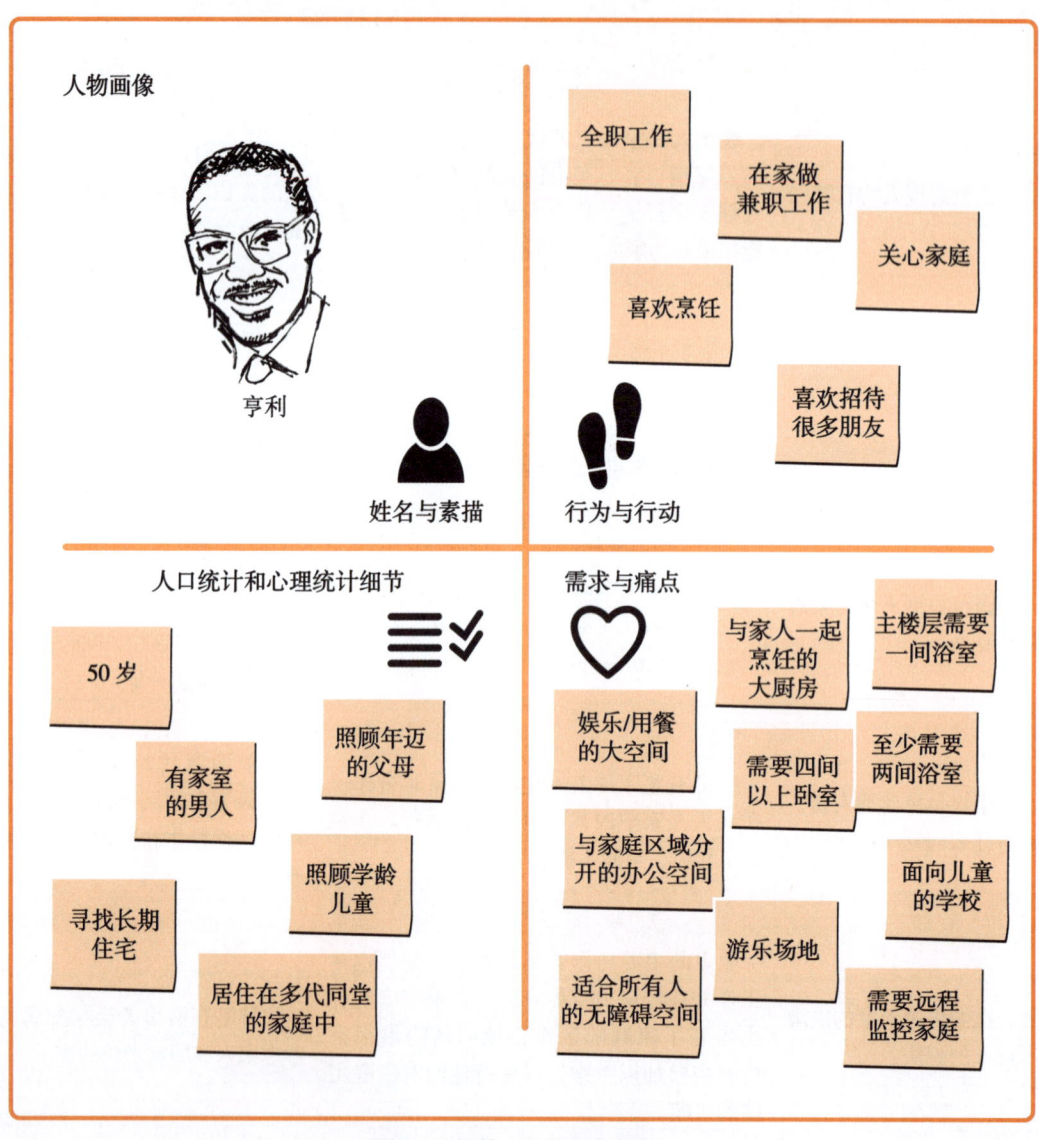

图3-3 亨利，户主业主角色

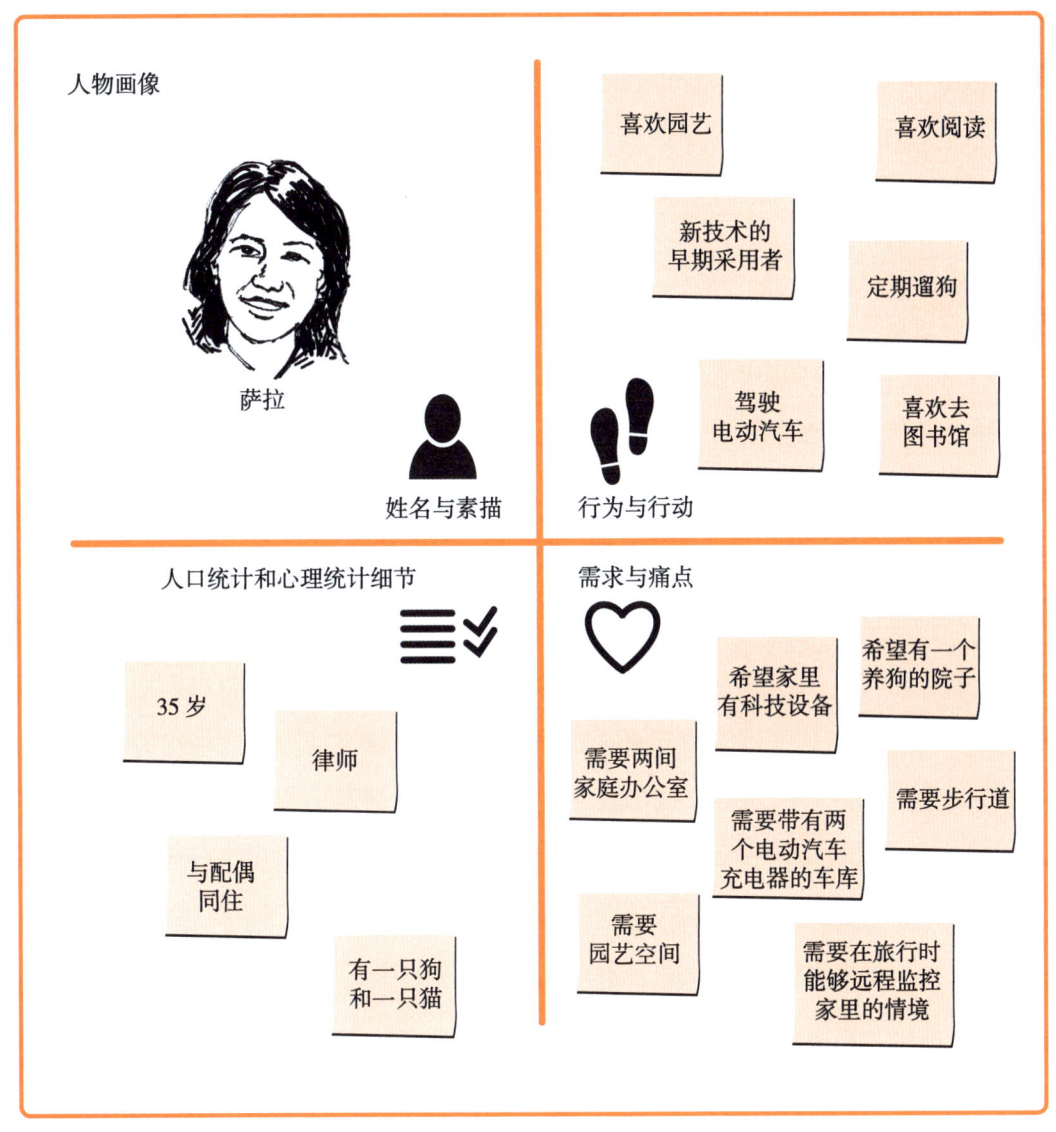

图3-4 萨拉，精通技术的首次购房者角色

3.4 规划业务分析工作

业务分析思维模式在规划业务分析工作时提供了全面和整体的视角，带来了创造性，以高价值的方式扩展工作，而且扩展得恰到好处：满足干系人、项目和组织的需求。

3.4.1 概述

业务分析活动发生在项目或项目集的内部和外部。当确定了业务分析干系人时，可能需要他们在项目的不同节点及其前后参与。此外，业务分析活动的种类相当多：启发、跟踪、优先级排序、建模、建立共识、进度排期、协作、评估、促进等。治理或干系人需求所要求的严格程度可能使工作量更大。因此，明智的业务分析从业人员会问："我真正要为这个项目做些什么？"并非所有潜在的业务分析活动都需要完成，也并非所有需要完成的活动都需要相同程度的形式或细节。

规划业务分析工作意味着确定业务分析从业人员或团队计划做什么，以及他们需要做多少。这种规划包括了解正在使用的项目方法和组织文化，因此业务分析工作可以根据情境的业务背景和组织环境适当地扩展和裁剪。无论是正式还是非正式地进行，对潜在工作的评估都可以揭示哪些活动将增加价值，哪些可能很有用，但所需时间或精力超出了其价值。规划时还要考虑增值业务分析工作何时进行及与谁合作。

业务分析计划侧重于业务分析工作的范围。这包括要进行的活动和要生成的业务分析可交付物的列表。成功执行业务分析过程所需的角色列表包含在业务分析计划中。关键过程决策也包括在内，如优先级排序、记录、验证、沟通、批准和变更需求的方法。

无论是正式记录还是由团队成员非正式商定，业务分析从业人员都要对规划决策形成清晰的共识，以便干系人知道业务分析活动开始时的预期。如果团队成员对正在做出的一个或多个决策有不同意见，业务分析从业人员会促成协商并促使团队形成共识，或者作为团队成员参与其中，帮助团队达成一致。做出决策后，将其记录下来通常很有帮助，以便在执行业务分析工作时冲突不会再次出现。在适应型或不太正式的环境中表现出色的团队可能已经在过程中对活动和决策形成了清晰的共识，在这种情境下，业务分析计划决策可能作为团队合作或工作协议的一部分被记录下来，或者可能根本没有记录。

当书面化时，业务分析计划需要易于理解，因为它将被审查，并且可能需要得到关键干系人的批准。在记录业务分析计划时，为所做的计划提供解释是一种很好的做法。例如，对于采用适应型生命周期的项目，分析活动的深度和节奏与采用预测型生命周期的项目大不相同。优先级排序过程、技术类型和可交付物也有所不同。解释计划选项被选择的原因，可以为那些审查计划的人提供背景信息，并为所做出的决策提供理由。

做出的决策是业务分析计划的一部分，包括以下内容：

- 要进行的启发活动类型。
- 要使用的需求分析模型。
- 如何记录需求并与干系人沟通，包括使用专用工具。
- 要产生的业务分析可交付物。
- 参与需求相关活动的角色和责任。

- 需求将如何进行优先级排序、批准和维护。
- 将在需求文档中跟踪和管理的需求列表，如业务需求文档（Business Requirements Document, BRD）或需求跟踪矩阵。
- 如何验证和核实需求。
- 如何确定需求和解决方案验证的验收标准。
- 将评估解决方案的哪个方面。
- 如何、何时及由谁评估解决方案。

其中许多内容受到使用方法的影响，无论是预测型、适应型还是混合型的。

3.4.2 规划业务分析工作的价值

规划业务分析工作为要执行的活动提供了路线图。路线图是一种有价值的工具，可以让业务分析从业人员与干系人就如何及何时合作以实现目标设定期望。像任何路线图一样，弯路和障碍是不可避免的，因此干系人可以预期路线图会发生变化。实际上，初步规划可能只涉及项目的早期阶段、迭代或里程碑。计划是所有干系人的共识之旅的起点。

规划业务分析工作为干系人及业务分析从业人员和团队设定了期望。考虑执行所有可能的业务分析工作是诱人的，但这可能不切实际。规划要求业务分析从业人员采取现实的、务实的观点，了解什么有意义，以便他们能够很好地管理干系人的时间，并做出合理的承诺。

程度适当的计划是灵活性的关键。没有计划，人们很难知道接下来会发生什么或对他们的期望是什么。没有计划会导致不确定和混乱，每个人都试图找到方向。当每个人都按照相同的计划工作时，即使这是一个高层级的计划，每个人也都知道需要做什么，明白计划的哪些部分可行，哪些部分不可行，了解偏离计划的选项，并清楚哪条路通向成功。稳健、适当扩展的计划有助于创造一个自信、灵活的合作环境，使合作伙伴能够更好地协作。

3.4.3 如何规划业务分析工作

像业务分析从业人员所做的一切一样，规划业务分析工作应该协作完成，以确保满足干系人、项目和组织的需求。特别的是，与项目经理或项目集经理、项目管理办公室或价值交付办公室合作，可以提高规划业务分析工作的收益和效率。

3.4.4 案例研究：规划业务分析工作

在开始启发和分析之前，乔治和拉尼研究了其项目的业务分析工作方法。他们要确定将为项目增加价值的内容，以及考虑到干系人、业务分析工作的风险和开发方法时，需要保持多大的灵活性。他们将业务分析团队和其他关键干系人纳入计划，以培养他们的主人翁精神，获得他们对将要完成的工作的认可，并为项目设定协作的基调。

乔治采用更正式的预测型方法。他安排了启发会议，使用需求跟踪矩阵，以业务需求文档的形式来记录需求，并制定了与项目经理的排期细节保持一致的总体进度。

拉尼采用适应型方法，只花必要的时间快速启动，然后在项目进展过程中定期迭代计划。

他们都与项目经理和价值交付办公室确认了各自的工作方法，以确保遵守SCC公司治理规则，并适当扩展其工作，确定了基于各自方法的关键可交付物（见表3-4）。

表3-4 乔治和拉尼的可交付物

乔治	拉尼
业务分析计划	产品待办事项列表
业务需求文档	用户故事
需求跟踪矩阵	完成定义（DoD）
业务规则目录	验收标准
模型	迭代长度
过渡计划	迭代计划
准备就绪检查表	
需求变更控制方法	

他们还确定了以下关键活动：

- 启发（乔治）
    - 焦点小组
    - 研讨会
    - 访谈
    - 标杆对照
    - 建模
- 跟踪
- 优先级排序
- 验证

- 核实
- 获得基线批准
- 评估解决方案
- 定义和分享需求变更控制方法

在迭代过程中，拉尼和她的团队以非正式的方式在工作会议中进行计划。她做了很多计划，但这些计划都融入了她工作的常规节奏中，而不是在特定时间点进行的。

通过与拉尼和其他团队成员的协商，乔治为他的项目制订了一个高层级的工作计划（见表3-5）。

表3-5 高层级工作计划模板

参考	规划业务分析	周1	周2	周3	周4	周5	周6	周7	周8
1	创建业务分析计划	■							
2	启发需求		■	■	■				
2.1	执行焦点小组、研讨会和访谈		■	■					
2.2	研究行业标杆和标准			■					
2.3	研究监管文件				■				
3	建模				■				
4	关于新型建筑材料达成共识				■				
5	创建业务需求文档				■				
6	按优先级排序需求					■			
7	维护需求跟踪矩阵		■	■	■	■	■	■	
8	创建业务规则目录				■				
9	创建过渡计划					■	■	■	■
10	创建准备就绪检查表						■	■	■
11	记录需求变更控制方法						■		
12	将需求交接给架构团队						■		

第4章

解决方案细化领域

4.1 引言

解决方案细化包括为详细阐述需求和其他解决方案信息而迭代执行的业务分析工作，以便干系人能够就解决方案的细节做出决策，团队成员能够对其进行开发。本领域描述了在呈现信息之前，如何通过协作的方式使用各种模型来启发、分解和组织信息，以评估是否要推进及如何推进。

4.1.1 本领域的预期内容

本领域强调了在细化解决方案细节（包括需求）时的关键实践。解决方案细化中的实践是在任何涉及业务分析的工作中迭代执行的，确保以符合干系人目的的方式充分地启发、分析并呈现需求。本领域的三个关键实践包括：

- **启发解决方案信息**。它确保启发的信息是完整的，并且代表了干系人的真实需要，而不仅仅是他们陈述或感知到的需要。

- **分析解决方案信息**。它确保信息得到良好的组织并进行了优先级排序，以明确范围、解决假设问题，并消除干系人对解决方案理解上的差距。

- **打包解决方案信息**。它确保高质量的解决方案信息能够使干系人根据他们的理解自信地做出决策。

这些实践在整个业务分析工作中持续且迭代地发生。启发可以揭示任何东西，任何东西都可以被分析。因此，这些实践适用于发现和处理解决方案信息的任何地方。

4.1.2　本领域实践的主要收益

应用解决方案细化实践的好处是，使启发的信息及其对范围和假设的澄清是完整且清晰的，从而提高干系人对所做决策的信任度。

4.1.3　本领域回答的关键问题

- 在启发解决方案信息时应考虑什么？
- 启发何时发生？
- 可以分析什么？
- 哪些类型的建模最有价值？
- 如何最好地向干系人呈现解决方案信息？

4.2　启发解决方案信息

在启发解决方案信息时运用业务分析思维有助于业务分析从业人员在实施解决方案之前发掘和理解干系人的需要和需求。这种思维在结合知识和经验时，能够使业务分析从业人员更有效地领导和促进活动，从而产出更好的成果。

4.2.1　概述

启发是反复从干系人和其他信息来源那里提取信息的活动。在业务分析中，它涉及与干系人合作，共同发现业务问题的原因或抓住当前机会的理由，以及发现用于充分细化解决方案需求的信息。

业务分析从业人员的大部分工作是帮助干系人定义业务问题或机会，并确定可行的方案来处理它。需求不一定已经在干系人的脑海中成型，因此，它们并不总是可以被"收集"或"聚集"的。他们有期望和需要，但可能无法清晰地表达出来。他们可能知道存在问题，但可能需要协作来确定根本原因和最佳解决方案。同样地，他们可能想要抓住机会，但不知道如何开始。

在进行启发时，业务分析从业人员运用思维、技能、专业知识和专业经验来推动干系人清晰地描述他们的想法，并仔细考虑他们的需求和需要。高效的业务分析从业人员还关注启发在不同商业环境、行业和文化中的影响，设计多样化的活动，使用模型、方法和工件，从而产生最大的参与度并取得最佳结果。

在任何环境中，无论是预测型、适应型还是混合型环境，启发都是一项影响整个业务分析工作的迭代活动。在适应型环境中，业务分析从业人员可以提供支持，担任代理，甚至填补产品负责人的角色空白，特别是在启发活动中。业务分析从业人员对商业问题的了解，以及解决方案与商业战略、解决方案需求和关键干系人的一致性，使他们能够有效地扮演这样的角色。

在适应型环境中，当与产品负责人合作时，业务分析从业人员在开发和完善产品待办事项列表时共享他们的启发专业知识。渐进明细产品待办事项，使其足够详细，便于团队开发，是产品负责人的责任。应用业务分析技术可以很好地完成这项工作，但产品负责人可能对如何应用这些技术没有经验。无论是与产品负责人合作还是填补产品负责人的角色空白，业务分析从业人员都可能接触他们通常不会接触的组织的其他部分，并能够收集必要的信息和资源，以确保解决方案满足干系人的需求并为业务增加价值。

4.2.2 启发解决方案信息的价值

从业务需求到解决方案的高层级细节，再到开发就绪的功能需求，启发解决方案信息对于确定和澄清这些需求至关重要。与分析相结合，启发将需求和期望转化为可以分析、测量、测试并最终交付的内容。启发贯穿于整个业务分析领域，包括：

- **商业价值评估**。在该领域，启发是一个核心步骤，用于"理解情境"，帮助定义问题并从组织领导层那里收集信息，从而将问题或机会与目标和目的对齐。"发现差距"包括启发以定义当前和未来状态，并确定如何弥补差距。"定义解决方案"需要启发来评估解决方案选项的可行性和有效性。

- **业务分析规划**。在该领域，通过启发来发现干系人，并在项目背景下寻求最佳方式以满足干系人的需要。"理解业务分析治理"需要通过启发了解决策是如何做出的，并确定项目背景下的决策流程。"确定干系人参与方法"需要启发干系人的沟通需要，并确定如何吸引他们。在"规划业务分析工作"时，启发是核心，因为要确定哪些业务分析活动将增加价值，并决定如何对它们进行裁剪。

- **组织过渡与解决方案评估**。在该领域，通过启发来确定推进解决方案所需的条件。"促进组织过渡"涉及通过启发定义过渡需求。"协助做出继续/停止决策"涉及通过启发帮助干系人就推进解决方案达成共识。"评估解决方案绩效"涉及通过启发确认对绩效指标的理解，帮助干系人理解解决方案是否提供了预期的价值。

- **业务分析管理**。在该领域，业务分析从业人员通过启发了解干系人对业务分析绩效的期望，这是"提升业务分析有效性"的一部分。在"提升业务分析能力"中，通过启发了解人们对自己角色的认知和定位。在"以诚信引领业务分析"中，通过启发提出关于活动、产出或结果的道德问题，使之对干系人透明。

4.2.3 如何启发解决方案信息

干系人启发有以下三个步骤：

- 准备启发
- 实施启发
- 记录启发的输出

4.2.3.1 准备启发

当准备启发时，业务分析从业人员根据方法协调各项活动，以了解哪些干系人将参与及如何参与。在某些环境或情境下，为启发做正式准备可能微不足道，甚至不太可能。例如，在适应型环境中，启发是一项稳定、持续的活动。即使在预测型环境中，精明的业务分析从业人员也总是在机会出现时启发相关信息，无论他们是否已做好正式准备。

在进行启发之前，业务分析从业人员应该准备好问题，以确保时间得到有效利用，并且能够实现会议目标。在会议之前分享问题可能很有效，这样干系人就有足够的时间整理他们的想法，并且不会感到有压力。

需要注意的是，并非所有问题都是事先计划好的；启发中很多直接并具有调查实质的谈话是自然而然发生的。业务分析从业人员的工作是引导对话，以实现会议的期望结果。问题通常分为以下四类：

- **开放式问题**。允许受访者用任何他们喜欢的方式回答问题。
- **封闭式问题**。要求从有限备选答案中做出选择。封闭式问题的类型有强制选择、有限选择和确认。
- **语境问题**。要求回答与当前主题（问题域或提出的解决方案）有关的问题。
- **语境无关问题**。在任何情境下都可以提问。语境无关问题也可用作切入点，以获取确定解决方案所需的信息。

4.2.3.2 实施启发

根据所使用的方法，实施启发各阶段在形式和结构上有很大不同。

- **引言**。引言奠定了活动的基础，设定了节奏，并提出了启发会议的总体目标。在这个阶段，业务分析从业人员设定基调，与参与者建立融洽的关系，确保他们有效参与。通过回顾当前主题和目标能够带来的收益，这个初始阶段有助于所有人集中注意力并保持正确的心态。最好让参与者知道，在业务分析从业人员对记录进行整合并分析后，他们有机会确认启发结果。确保参与者在会议记录被最终确定前能对其进行审查，这可能让参与者感到更加舒适并更愿意参与。

- **主体**。在启发会议的主体阶段，业务分析从业人员将运用各种强大的技能，如积极倾听、理解肢体语言、施加影响、展现同理心等。在这个阶段，主要信息被启发，并且会议目标得以实现。从引言到主体的过渡最好是无缝的，当问题变得越来越难时，参与者也不易察觉。

- **结束**。结束阶段处于启发会议的末尾，目的是结束活动并关注下一步工作。如果以研讨会的形式进行启发，那么业务分析从业人员可以考虑对各项行动的分配进行总结，以便参与者在会议结束时了解他们的职责。如果启发会议以访谈的形式进行，那么可以向受访者提供有关下一步工作的指导。在结束阶段，业务分析从业人员应该感谢参与者的贡献和花费的时间。

业务分析从业人员可以考虑在任何启发会议结束时提出以下三个问题：

☐ 你还有其他问题吗？

☐ 我们是否遗漏了内容，或者有没有我们应该讨论但没有讨论的内容？

☐ 是否还有其他人可能掌握有助于实现会议目标的信息？

- **后续跟进**。在分析和整合从会议中获得的信息后，业务分析从业人员应分享信息，以获得参与者的确认，确保所记录的内容反映了他们的意图。根据干系人的日程安排和需要确认的信息量，后续跟进活动可以通过后续会议或其他形式完成。

4.2.3.3 记录启发的输出

记录启发活动的结果非常重要，无论是正式的还是非正式的。记录的形式可以是用户描述、白板快照，也可以是需求管理工具中记录的现场信息。记录的主要成果是一套包含丰富信息的启发笔记，这些信息可用于执行其他业务分析任务，其成果可能以草图、图表、模型、活动挂图、便利贴或索引卡等形式呈现。在分析启发结果时，可将结果记录在可交付物和面向使用者的表格中。

4.2.3.4 启发技术

以下是一些常见的启发技术。使用不同的技术可以适应不同干系人的风格，并确保全面、综合地获得所需的信息。

头脑风暴。头脑风暴是一种通过要求小组考虑新颖或不同的解决方案来激发创新和创造力的技术。群体的产出往往大于同一群体中每个人产出的总和。让背景不同或持有不同观点的人参与进来，有可能得到新的想法和解决方案。头脑风暴还能增强小组的凝聚力，改善小组内部的沟通。

协作游戏。协作游戏提供了一种结构化的方式，鼓励启发时的参与和协作。诸如"产品盒""鱼缸"和"购买特性"之类的游戏可以激发创造性思维，并可用于启发对问题、解决方案和需求的想法和优先级。这些游戏也可用作破冰游戏，以便在使用其他技术进行启发时取得更好的结果。游戏有自己的规则，通常还包含某种视觉或触觉组件。协作游戏可以在任何环境中使用，通过帮助干系人有效合作来增加价值。

文件分析。从商业、法规和技术文件中得到的信息可能以多种形式存在。这些来源的信息可以补充和丰富业务分析从业人员通过其他技术与他人互动时获得的启发信息。可用于启发的文档包括：

- 业务规则和政策
- 流程图
- 工作指令
- 数据模型
- 软件或设备手册
- 其他

在启发过程中，为每个主题或问题确定至少两个信息来源是一个良好实践，这样可以避免仅根据单个来源的意见或信息提出任何需求或解决方案。书面文件尤其如此，因为它经常是过时的。这就是为什么业务分析从业人员要进行访谈来确认文件分析产生的输出和文档。

引导式研讨会。引导式研讨会也称需求研讨会，将关键的跨职能干系人聚集在一起，以定义解决方案需求。研讨会被认为是快速定义跨职能需求和协调干系人分歧的主要技术。由于其小组互动的特性，好的引导式研讨会还可以建立信任、促进关系、改善参与者之间的沟通，从而增加干系人的共识。

焦点小组。焦点小组是一种启发技术，召集通过资格预审的干系人和主题专家，了解他们对拟议产品、服务或结果的期望和态度。焦点小组用于获取对已完成的工作或原型的反馈。参与者应通过预审或预筛选，以确保他们符合预期或目标的要求。焦点小组允许参与者分享想法，并根据小组分享的反馈逐渐完善。这是业务分析从业人员观察参与者的反应、面部表情和肢体语言，以及了解小组提供的信息的绝佳机会。焦点小组的一个缺点是，参与者可能受到小组压力的影响，同意意志较强的参与者的观点。主持人的重要作用是让整组成员都参与讨论，并确保没有参与者受到群体压力的影响。

访谈。访谈是一种从干系人那里启发信息的正式或非正式的方法。它通过提问预先准备的和（或）即兴的问题并记录回答来执行。访谈通常在一名访谈者和一名受访者之间以一对一的方式进行，但也可以有多名访谈者和（或）多名受访者参与。访谈经验丰富的项目参与者、干系人和主题专家有助于识别并定义所需解决方案的特性和功能。访谈有以下两种基本类型：

- **结构化访谈**。从预设问题清单开始，目标要求是在分配的时间内提出清单上所有问题并获得答案。

- **非结构化访谈**。从预设问题清单开始，但只有第一个问题是确定会提问的。接下来的问题将取决于参与者对上一个问题的回答。访谈有其自身的生命力，需要有技巧才能使谈话重点突出，从而达到目的。

观察。观察是一种技术，提供了一种直接观察环境中的人的方式，以了解他们如何完成工作或任务及执行过程。这种方法对于具体过程特别有帮助，尤其是当使用产品的人难以或不愿意表达他们的需要时。观察法也称工作跟随，通常由观察者在外部观察一个工人的工作情境。它也可以由参与式观察者通过执行具体过程或步骤进行体验来发现隐藏的需要。这种技术的目的是通过观察工作环境中的干系人来启发需求。相比启发的其他形式，观察法经常能够获取大量关于问题域的无偏见、客观和真实的信息。如果在会议上要求干系人描述他们是如何执行工作的，那么干系人很可能遗漏一些步骤或解释不清楚。观察有以下几种类型：

- **被动观察**。业务分析从业人员在不打断、不提问或不寻求澄清的情境下观察工人。观察者通常以过程流的形式记录发生的事情，并把时间记录在图表上。之后，业务分析从业人员可以就观察到的活动向工人提问，以便澄清并验证记录。被动观察的优点是对工作流的干扰最小。有些组织可能不允许进行任何其他形式的观察，特别是由外部人员进行观察。缺点是工人可能不信任观察者，并以一种非常规的方式进行工作。

- **主动观察**。与被动观察类似，但是观察者会打断过程或活动，询问工人在做什么，请他们澄清事实和征求他们的意见等。主动观察的优点是启发信息具有即时性和能够收集更多信息。不过，主动观察会中断工作流，导致生产效率降低，并可能改变工人在观察期间的行为。

- **参与式观察**。在这类观察中，观察者会参与执行被观察的活动。它可以让观察者提出一些原本不会想到的问题。此外，观察者有机会体验工人正在执行的活动。观察者可能发现不会在引导式研讨会或访谈中出现的功能、特征和改进。

- **仿真**。在这种情境下，观察者使用一种再现工人工作职责的工具来模拟工作的活动、操作或过程。组织可能有培训设施，观察者可以在那里与系统或产品的测试版本交互。通过模拟，业务分析从业人员可以访谈工人以启发更多细节，或与工人一起进行模拟。

原型法。原型法是一种通过在构建之前提供预期产品的模型来获得早期需求反馈的方法。原型法是有形的，干系人能够体验最终产品的模型，而非只能讨论需求的抽象表达。原型法通过创造模型、用户体验、生成反馈和修订原型的迭代循环来支持渐进明细的概念。原型可以是一个真实结果的模型，如建筑的模型，也可以是产品本身的一个早期版本。启发和彻底调查也可能无法发现一个复杂的解决方案的所有属性或各个方面。允许用户和客户在构建过程中看到产品或系统，为业务提供了识别问题和澄清需求的机会，也提供了识别原本可能被忽视的额外信息的机会。原型有以下两种类型：

- **低保真原型**。低保真原型用笔和纸或马克笔和白板完成，也可以通过建模工具在计算机上完成。低保真原型的例子包括：
  - 线框图
  - 界面屏幕或报告的模型
  - 建筑物的建筑渲染图
  - 楼层平面图
  - 新产品草图
  - 所有正在进行的设计

低保真原型的典型用途是通过提供产品/解决方案的外观和功能的视觉呈现，收集预期用户的反馈意见。

- **高保真原型**。高保真原型创建了最终成品的表现形式，并可供审查原型的干系人使用。高保真原型通过迭代的方式完成。审查者可以操作屏幕，输入一些数据，并在各个屏幕间移动，亲身体验屏幕如何工作。高保真原型有以下两种类型：
  - **抛弃式原型**。一旦界面得到确认，抛弃式原型就会被废弃。这类似于制造企业开发的产品原型。原型用来帮助定义制造产品的工具和过程，但原型本身不用于生产。
  - **演进式原型**。演进式原型是正在构建的实际成品，第一个通过检查的原型是最终产品最早的可工作版本。每次原型开发过程中都会增加更多的功能或改进现有的功能，以达到更高的质量水平。在适应型项目中，产品就是这样构建的。这种工作不被视为原型，而是产品本身的实际切片。

问卷调查。问卷调查是成套的书面问题，旨在快速积累大量受访者的信息。受访者可能代表不同的人群，并且通常分散在广阔的地理区域。这种方法有利于在短时间内以相对较少的花费从大群体中收集大量信息。输出往往易于量化，这可能为决策提供输入。

4.2.3.5 启发的完成定义

启发解决方案信息是一个包含启发信息和分析信息的迭代活动，可以视为信息的逐步细化。有时信息量会在分析过程中减少，这是因为无关信息被剔除。然而，当结果含糊且有多种解释时，就需要提出额外的问题和执行更多的启发环节。通过往复循环，更深层次的信息细节将被定义，并可能需要不同的工具来记录信息。

在某些环境中，何时完成启发和分析迭代的问题相对容易解决。例如，在许多适应型环境中，这些活动会迭代进行，直到细节足够细化，以便团队能够识别并估算交付未来产品增量所需要的工作。

了解何时完成启发和分析的迭代是其他情境中常见的业务分析难题。在这些情境下，启发—分析循环会持续进行，直到分析不再产生新的问题，并且信息被简化为对业务问题解决方案的描述，或者因信息不完整而出现问题的风险被认为是可以接受的。

以下标志可能表明已经启发了足够的信息：

- 干系人或问题负责人批准了结果。
- 信息所依据的模型可以完成。
- 试运行或成功的原型已经完成。
- 目标已经达成。
- 解决方案已经确定。
- 干系人开始不断重复并提供冗余信息。
- 从相同的干系人那里获得答案需要更长的时间，因为他们试图提出与之前不同的答案。所有与高优先级需求相关的信息均已得到至少两个独立来源的确认。

4.2.3.6 启发的挑战与应对

启发往往伴随着各种各样的挑战。下面是应对这些挑战的例子和建议。

无法接触到合适的干系人。业务分析从业人员在启发过程中面临的一个常见问题是无法与解决方案的实际用户直接互动。因此，在开发用户界面或流程时，业务分析从业人员可能无法接触到受拟议变直接影响的用户，也无法听取他们的意见。

业务分析从业人员可以通过专注于信息而非个人来解决这个问题。有时所需的信息可以从多个来源获得，如文档、培训材料、操作程序等。在没有合适干系人的情境下继续前进，可能导致出现解决方案不被企业接受的风险。在这种情境下，重要的是告知发起人、项目经理和项目团队。

在适应型环境中，通常可以在团队中添加一名客户代表，使产品开发人员可以轻松接触到该客户代表，从而减轻这一挑战。

不同干系人的观点和需要发生冲突。考虑到干系人通常来自组织的不同部门，有着各自的痛点和经验，他们经常对自己的需要或需要的解决方案产生分歧也就不足为奇了。与干系人保持良好的关系和适度的同理心将有助于理解各种观点，并帮助干系人相互理解。始终关注正在解决的商业问题和干系人的利益也会有所帮助。认识到变革对许多人来说是一种威胁，可以减轻当干系人阻碍进展时的挫败感。作为值得信赖的顾问，保持中立并明确何时及向谁提交决策，也有助于化解意见冲突造成的僵局。

在适应型环境中，团队添加一名代表干系人做出决策的客户代表通常可以减轻这一挑战。

无法获得所需的需求。干系人有时很难理解他们想要解决的商业问题，或者他们在进行启发活动时已经想好了解决方案。在这两种情境下，干系人定义他们想要什么和需要什么的能力将大打折扣。

为应对这些挑战，业务分析从业人员应向干系人求助，以理解问题域，并将注意力集中在他们希望解决的问题或机会上。澄清情境后，应集中讨论高层次需求。当业务分析从业人员帮助分解高层次需求并引导干系人走查整个过程时，可以避免干系人直接转向解决方案。当很难从干系人那里启发需要和高层次需求时，业务分析从业人员就需要继续提出澄清性问题，以引出需求。

干系人不清楚他们想要什么。有时虽然理解了问题，但干系人不能将自己置于解决方案的背景下。为了应对这一挑战，使用原型法或故事板等技术通常有助于干系人直观地看到每种可能的解决方案。通过迭代或增量工作方式，在开发完整解决方案之前获取干系人反馈，而不是让他们凭空想象什么可能满足他们的需求，也可以减轻这一挑战。

干系人未能提供开发解决方案的足够细节。干系人可能没有提供需求的经验，或者他们可能不了解业务分析或BA的角色。干系人有时不知道需要何种程度的细节，或者不知道如何描述这些细节。

使用可视化建模技术来启发需求通常有助于解决这一问题。让干系人参与建模可以开启访谈、调查或直接讨论无法实现的对话。让干系人参与工作流中的协作，或者协助将问题分解为层次模型，可以帮助获取所需的细节。将启发转化为视觉或触觉练习，可以使干系人专注于视觉或物理元素，从而发现那些在没有图像和参与的情境下可能无法获得的细节。

4.2.4　案例研究：启发解决方案信息

乔治正在做一个房屋翻新项目，需要启发现有业主的想法。他计划通过调查获取他们喜欢和不喜欢的房屋特点的初始信息。

在团队的协助下，乔治设计了一份包括封闭式问题的调查问卷，并在最后设置了一个开放式问题，以征求更多意见。这份调查问卷可以以在线的方式提供给所有居住在这些房屋里的人，也可以选择通过邮寄分发，附带写明回邮地址、邮资已付的信封，以方便寄回。考虑到居民可能获得的房屋翻新价值，乔治预计响应率会很高。图4-1列出了调查问卷中的一些问题。

我家的厨房很适合我们做饭的方式			
非常不同意	有些不同意	有些同意	非常同意
81%	14%	3%	2%
我家很适合居家办公或提供私人空间			
非常不同意	有些不同意	有些同意	非常同意
68%	17%	9%	6%
我重视我家的可持续性及环保元素			
非常不同意	有些不同意	有些同意	非常同意
1%	4%	11%	84%
我家便于每个人四处走动，可以想去哪儿就去哪儿			
非常不同意	有些不同意	有些同意	非常同意
28%	38%	19%	15%
我家的外观很吸引人			
非常不同意	有些不同意	有些同意	非常同意
6%	8%	52%	34%

图4-1　对现有业主的调查结果

调查结束后，乔治为首批入住的业主组织了一次焦点小组。焦点小组的目标是更深入地挖掘业主及其家庭最看重的翻新内容。具体来说，他想看到并听到他们对团队在收到调查反馈后正在考虑的变更的反应。

焦点小组提出了以下问题：

- 你的家庭在家中的最佳体验是什么？
- 当有新访客到访时，你对你的家有什么感受？

- 如果你可以改变家里的一件事，它会是什么？
- 当你想到在厨房烹饪时，脑海中浮现的是什么？
- 你家在布局或设计方面遇到的最大挑战是什么？
- 关于你家，你认为还有什么可以让我们了解的吗？

焦点小组产生了干系人的需求，包括：

- 住户可以通过使用助行器、轮椅或其他助行工具在一楼的所有空间中轻松移动。
- 所有住户，不管身体状况如何，无论是站着还是坐着，都可以共同参与家庭餐食的准备。
- 住户可以在家中轻松地封闭一到两个用于工作或休息的临时隐私空间。

乔治以焦点小组的信息和识别的干系人需求为起点，与SCC公司市场营销、设计和施工的负责人一起主持了一个需求研讨会。在研讨会结束时，他们获取了许多解决方案需求。

为了管理产品范围并确保需求增加价值，乔治和团队根据计划使用了需求跟踪矩阵（见表4-1）。他将干系人和解决方案需求，以及在规划期间商定的需求属性列一起添加到需求跟踪矩阵中。

表4-1 案例研究的需求跟踪矩阵

编号	需求	状态	优先级	来源	目标	作者
SR.1	任何身体状况的家庭成员都能够参与家庭餐食准备，无论是站着还是坐着				BO3 PO3	乔治
FR.1.1	沿墙的工作台面能够隐藏在柜台后面	E	M	焦点小组（日期）	BO3 PO3	乔治
FR.1.2	工作区柜台可以调节高度，以便不同身高的人都能安全工作	E	M	焦点小组（日期）	BO3 PO3	乔治
NRF.1.1	厨房可以容纳6~8位身体状况不同的人共同参与家庭餐食准备	E	M	焦点小组（日期）	BO3 PO3	乔治
NFR.1.2	可调节高度的工作区柜台能够承受150磅（70公斤）的重量	E	M	焦点小组（日期）	BO3 PO3	乔治
SR.2	身体状况不同的人都能轻松使用家中所有设施				BO3 PO3	乔治
FR.2.1	水槽可调节高度	E	M	研讨会（日期）	BO3 PO3	乔治
NFR.2.1	门道可以容纳所有标准的助行工具，包括助行器、轮椅和电动代步车	E	M	BRule 20	BO3 PO3	乔治

需求：SR = 干系人需求；FR = 功能需求；NFR = 非功能需求。状态选项：E = 已启发；A = 已批准；I = 进行中；C = 已完成；X = 已取消；R = 已拒绝；D = 已推迟；P = 已实现。目标：BO = 业务目标；PO = 项目目标。优先级（MoSCoW）：M = 必须有；S = 应该有；C = 可以有；W = 不会有。

拉尼与团队的产品负责人紧密合作，识别物联网智能家居项目的需求。她与产品负责人及市场营销、IT和架构部门的团队成员，连同项目经理一起举办了一次研讨会。产品经理在研讨会中担任记录员。

在研讨会上，拉尼使用了产品树技术（见图4-2）进行头脑风暴练习，识别潜在的智能家居功能。

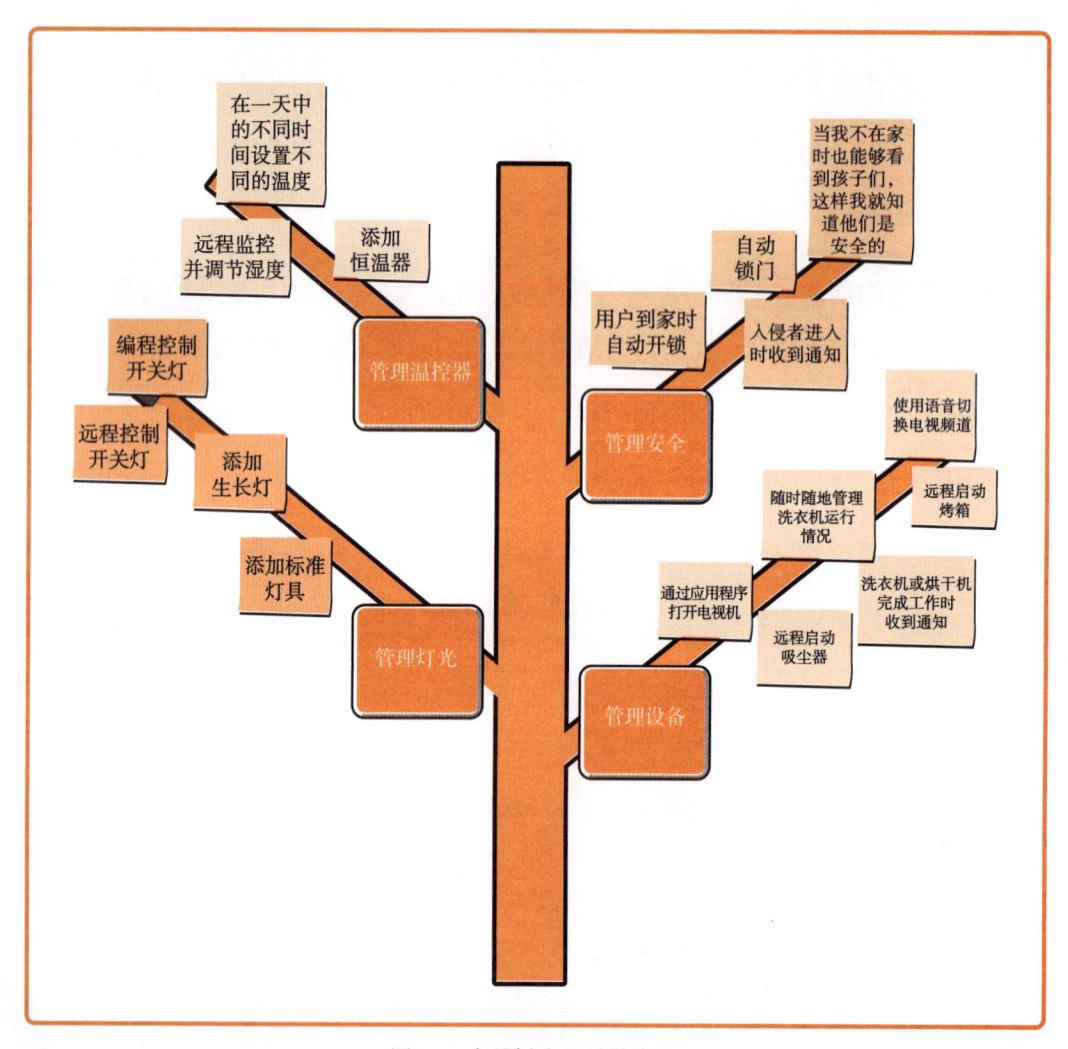

图4-2 产品树头脑风暴练习

在产品树研讨会之后，拉尼和产品负责人探讨了对特性进行优先级排序的选项。他们决定邀请一位现有业主、一位潜在首次购房者和发起人一起参加使用"购买特性"方法的优先级排序研讨会。拉尼为产品负责人和其他干系人提供了相同数量的虚拟货币，请他们将这些货币"花费"在他们期望在家中实现的特性上。

根据"购买特性"游戏的结果（见表4-2），拉尼和团队对特性进行了优先级排序，并相应地修改了产品待办事项列表。根据投入的资金多少，特性从高到低排序。

表4-2 购买特性游戏优先级排序产品待办事项列表

	产品负责人	现有业主	首次购房者	发起人	总计
语音控制百叶窗	40	35	25		100
洗衣完成提醒		25		25	50
用户到家时自动开锁			30	50	80
远程控制灯光	10		20		30
语音控制灯光	50	40	25	25	140

4.3 分析解决方案信息

使用业务分析思维有助于分析启发的输入。全面、综合地思考，同时坚持需求，有助于将输入分解并组织成连贯的类别，然后设法将各个部分联系起来。

4.3.1 概述

分析是业务分析从业人员为了缩小对于解决方案理解的差距所做的一切行动。这是业务分析从业人员工作的基础部分，既是一个创造性的过程，也是一个严谨的探索过程。它包括为业务分析从业人员赢得"注重细节"美誉的各种活动，如检查、分解和综合信息以进一步理解、完善和改进分析。它涉及逐步和迭代地处理信息，使其在细节层面具有更细的颗粒度，并且往往需要抽象到更高的细节层面。分析为需求和相关解决方案信息提供了结构。

分析和启发是迭代进行的——启发的信息会被分析，这会导致更多的启发。任何启发的解决方案信息都可能被分析，包括以下内容：商业、干系人、解决方案或过渡需求、模型、假设、制约因素、问题、风险、验收标准和业务规则。

分析的核心是建模。模型是信息的结构化表示，可能包括文本、表格或图表。许多分析涉及使用模型来识别和细化解决方案的各个方面，特别是需求，以及它们之间的关系。业务分析从业人员根据变量应用各种模型，如已知信息的多少、模型目标、受众、干系人需求、过去的经验和组织的良好实践。

模型类型及其示例包括：

- 范围模型，包括系统交互图、用例图和SWOT［优势（Strengths）、劣势（Weaknesses）、机会（Opportunities）、威胁（Threats）］图。
- 过程模型，包括过程流、用例和用户故事。
- 规则模型，包括业务规则目录、决策树和决策表。

- 数据模型，包括实体关系图、数据字典和数据流图。
- 接口模型，包括用户界面流、线框图和显示-动作-响应。

任何类型的信息都可以为分析提供素材，如干系人类别、问题和解决方案范围、已确定的业务规则、技术制约因素及干系人的关注点和假设。分析可以提供一种结构，允许进行优先级排序，帮助发现依赖关系，并协助评估变更和风险的影响。

在适应型环境中，产品负责人可能会与业务分析从业人员合作，分析解决方案信息，特别是涉及建模时。产品负责人可能不熟悉许多可用的建模技术，因此业务分析从业人员可以倡导使用各种模型，并促进产品负责人、团队成员和其他干系人在探索解决方案细节时进行协作。

4.3.2 分析解决方案信息的价值

分析的价值是通过启发过程的迭代性质来实现的。分析是指业务分析从业人员如何确认干系人在启发中表达的意图。分析最终为开发团队提供了产生解决方案所需的内容，无论是软件还是小工具。业务分析从业人员以不同的方式提问，提供选项和示例以激发反馈，并与干系人合作细化提供的信息。分析使需求具有可行性。

建模作为分析的基石，简洁地传达了大量的信息，这使其对业务分析从业人员来说极有价值。模型的可视化有助于传达复杂的内容。例如，如果大多数人能看到应用程序界面的图片，就更容易理解它是如何工作的。再举一个例子，用例比简单的文本更容易识别指定用户和系统交互的功能需求。

随着解决方案信息的细化，新的模型产生了，这些模型用来结构化需求。需求使用各种跟踪策略，要么引用模型，要么在模型中被引用。例如，需求跟踪矩阵是一种可以用来将需求分配到解决方案组件或项目阶段的模型，以确保交付的完整性。它还可以将需求跟踪到测试用例或设计文档，这有助于构建测试计划并揭示解决方案信息中的差距。将解决方案需求跟踪到干系人和业务需求，有助于管理范围并验证需求是否增加了价值。

4.3.3 如何分析解决方案信息

一旦有关于解决方案或潜在解决方案的信息需要分析，业务分析从业人员就开始分析解决方案信息。在商业价值评估期间，以及在制定项目章程之前，业务分析从业人员会进行分析，并可能生成模型，如能力表，以识别业务需要潜在的解决方案。商业、干系人和高层级的解决方案需求可能被识别、分解、建模、澄清和以其他方式进行分析。业务分析从业人员只做决策者做出明智决策所需的工作。一旦确定了解决方案并许可了项目章程，业务分析从业人员就会对解决方案进行建模并生成更多细节,直到解决了假设并填补了理解上的差距。

4.3.4 案例研究:分析解决方案信息

随着业务分析团队迭代地启发和分析需求,对房屋的需求也在不断发展。在细化过程中,乔治意识到需要定义验收标准。他与团队和客户合作,征求他们的意见,并更新需求跟踪矩阵,以包括验收标准(见表4-3)。

表4-3 包括验收标准的需求跟踪矩阵

编号	需求	状态	优先级	目标	作者	验收标准	模型区域
SR.1	任何身体状况的家庭成员都能够参与家庭餐食准备,无论是站着还是坐着			BO3 PO3	乔治		
FR.1.1	沿墙的工作台面能够隐藏在柜后面	E	M	BO3 PO3	乔治	当工作台面被隐藏时,从柜台表面看不到工作台面。地面空间可以用于其他活动	区域1
FR1.2	工作区柜台可以调节高度,以便不同身高的人都能安全工作	E	M	BO3 PO3	乔治	柜台可以设置为2~4英尺(60~122厘米)的任何高度	区域1
NFR1.1	厨房可以容纳6~8位身体状况不同的人共同参与家庭餐食准备	E	M	BO3 PO3	乔治	8个人可以在厨房准备餐食,每人两侧至少有1英尺(30.5厘米)的空间	区域1
NFR1.2	可调节高度的工作区柜台能够承受150磅(70公斤)的重量	E	M	BO3 PO3	乔治	柜台能够承受150磅(70公斤)的厨房用品重量,持续7天	区域1

基于需求,乔治与团队合作开发了一个低保真原型(见图4-3),将需求跟踪到原型的各个领域。

该原型反映了干系人和功能需求,从而产生了解决方案设计的关键方面。他们谨慎地避免确定需求如何从技术上交付(使用弹簧、铰链等),因为作为业务分析从业人员,他们的工作就是避免确定技术设计。

使设计足够完善以得到批准的过程涉及多轮更新,包括干系人验证设计是否反映了其意图,以及基于干系人的反馈进行修订。

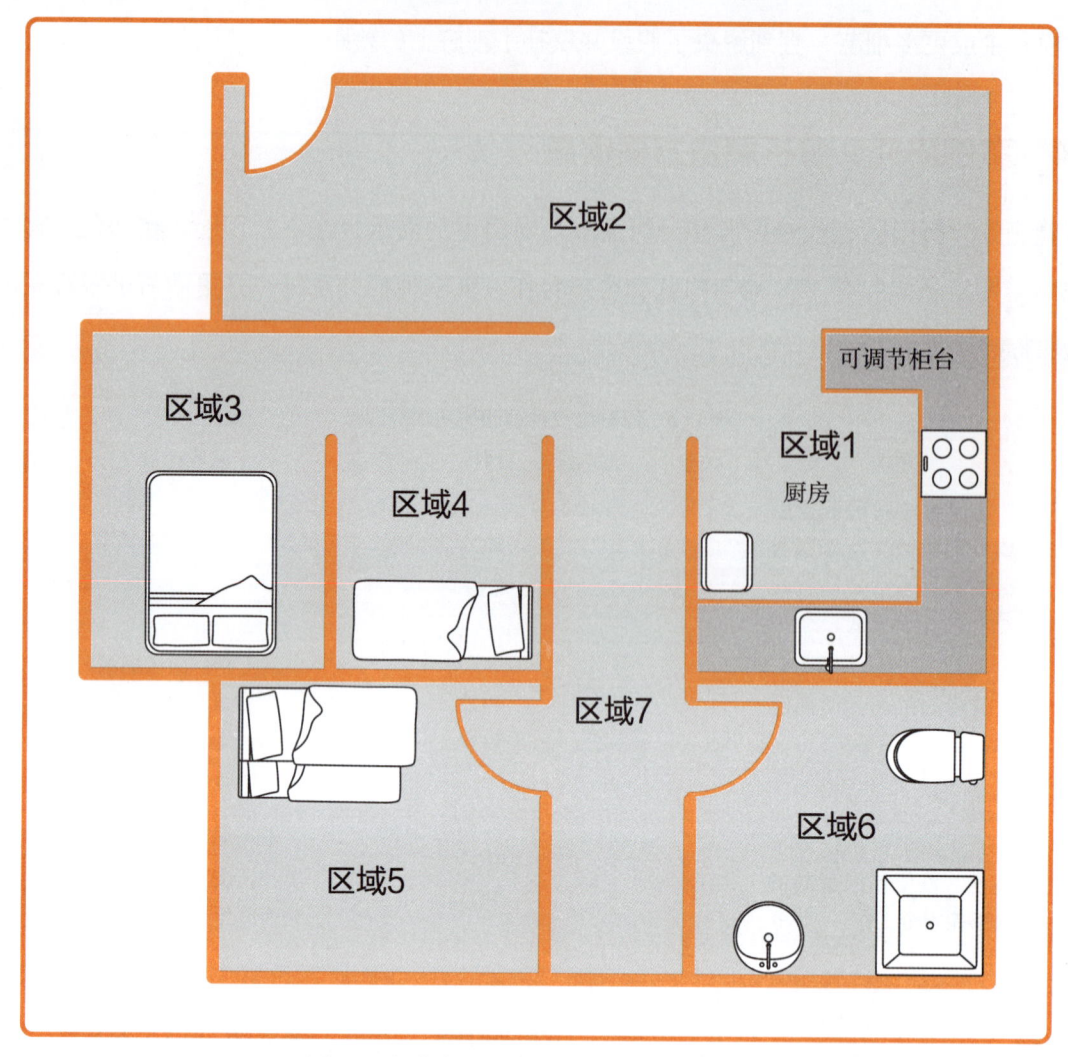

图 4-3　智能家居的编号区域（低保真原型）

基于产品树研讨会中启发的信息，拉尼和团队为智能家居的物联网应用识别了主题和史诗（见表4-4）。她和团队将史诗切割成用户故事以促进开发。他们将验收标准添加到用户故事中，以继续跟踪解决方案需求。拉尼和她的团队与产品负责人合作进行这些活动，并将产品待办事项添加到产品待办事项列表中。他们希望随着故事优先级的提高和开发时间的临近，进一步完善这些故事。

当乔治和拉尼完善需求时，他们了解到需要关注的业务规则（见图4-4），这些规则将影响解决方案需求。他们还与团队和客户合作，识别非功能性需求。

表4-4 构建智能家居的主题、史诗和用户故事示例

主题：介绍一款智能家居应用程序		
史诗		
作为一名智能家居业主，我希望能够管理和监控我的家庭安全，以保护我的财产和家人	作为一名智能家居业主，我希望能够管理和监控我的家庭环境，以使家人感到舒适	作为一名智能家居业主，我希望能够管理和监控我的家用电器，以便我能够轻松使用它们
用户故事		
我是业主亨利，我希望当我不在家时也能够看到孩子们，这样我就知道他们是安全的	作为一名智能家居业主，我希望能够在一天中的不同时间设置不同的温度以节省能源	我是业主亨利，我希望能够随时随地管理洗衣机运行情况，这样我就可以在非用电高峰时段使用它
作为一名智能家居业主，我希望当我不在家，而有人进入我的家时收到通知，这样我就知道是否有人侵者	我是业主萨拉，我希望能够远程监控并调节家中的湿度，以便照顾我的植物	作为一名智能家居业主，我希望当我不在家时可以启动吸尘器，这样我回家时房子就是干净的
验收标准		
鉴于我不在家时也不希望其他人在我家，当有人进入时，我的手机就会发出警报通知我	鉴于家庭环境物联网系统已经启动并正常运行，当我不在家时，也能够调节家中的湿度	鉴于家用电器物联网系统已经启动并正常运行，当我不在家时，也能够操作吸尘器，包括： • 启动 • 停止 • 暂停 • 清空集尘盒

业务规则
规则 01. 客户必须是注册用户才能获得支持。 规则 02. 所有 SSC 公司的建筑都遵守 ADA 或当地的无障碍监管指南。 规则 03. 超出所购服务套餐允许次数的支持呼叫将按每次呼叫 50 美元计费。
非功能性需求
1、系统允许 1000 个设备接入。 2、系统应用程序将在具有以下操作系统之一的移动设备和个人计算机上运行：Android 5.0 及以上，iOS 9.0 及以上，OS X 10.10 及以上，Windows 10 或更高版本。 3、对系统设置的更改将在保存更改后 1 分钟内生效。

图4-4 影响解决方案需求的业务规则和非功能性需求

4.3.4.1 故事地图

为安排用户故事的开发和发布顺序，拉尼引导团队绘制故事地图（见图4-5）。这项技术支持产品团队进行发布分配，将特性或产品组件分配到不同的产品发布中。这也帮助拉尼与产品负责人一起进行优先级设置。

068 | Business Analysis for Practitioners: A Practice Guide

登录账号		管理区域		管理设备				控制设备		
注册	登录	添加区域	删除区域	灯具管理	安保管理	管理电器	管理恒温器	指挥设备	查看设备状态	
配有客户支持的注册	输入用户名和密码	制订家居计划	删除家居计划	添加标准灯具	添加探测设备	添加高度可调节柜台	添加恒温器	用应用程序控制	查看设备状态报告	

发布1

	覆盖密码				发送警报		添加暖通空调			
用社交媒体账号注册	能源合约	定义单独区域						更改设备	设置设备运行时间表	查看设备实时状态

发布2

	指纹登录		删除区域	添加生长灯	添加摄像机	添加多媒体设备		重命名设备		语音控制
	人脸识别登录		更改区域名称		添加锁	添加吸尘器				

发布3

图 4-5　故事地图示例

拉尼与包括产品负责人在内的团队进行对话，得到了智能家居物联网应用程序的低保真线框图。用户界面/用户体验（UI/UX）团队成员随后使用他们计划用于开发的工具创建了高保真线框图（见图4-6）。

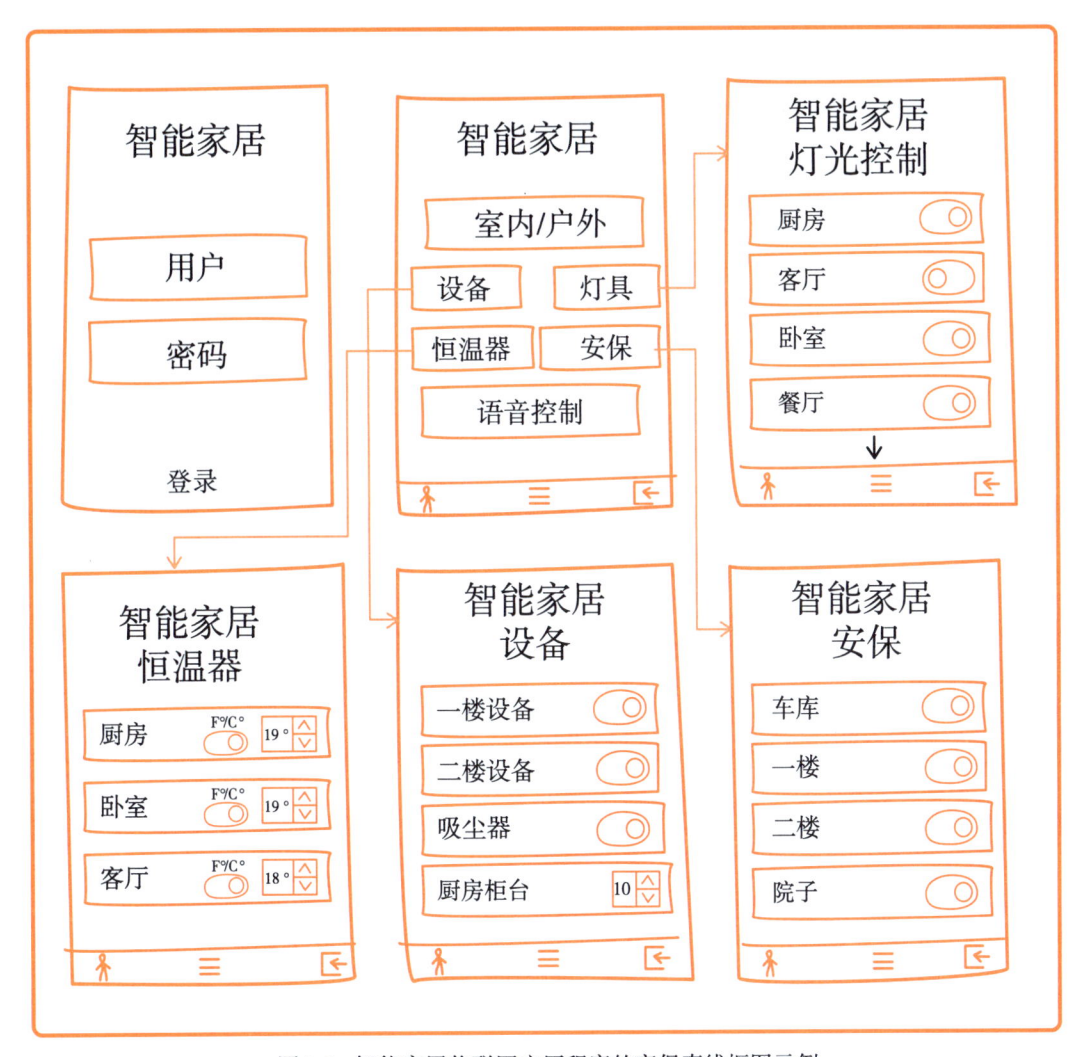

图4-6 智能家居物联网应用程序的高保真线框图示例

4.3.4.2 需求的依赖性

尽管他们的项目涉及两种不同的工作，但乔治确保与拉尼会面，讨论他的团队开发的模型，以便拉尼能看到将安装物联网解决方案的房屋。拉尼建议在物联网智能家居功能中添加语音激活的、可调节高度的柜台。乔治使用需求跟踪矩阵进行影响分析，从而确认这个建议支持商业和项目目标（这是一个重要的安全特性），并了解它对解决方案的其他需求或其他方面可能产生的影响。然后，他将这个需求提交给客户，让他们决定是否包括该需求。客户决定包括该需求（见图4-7）。

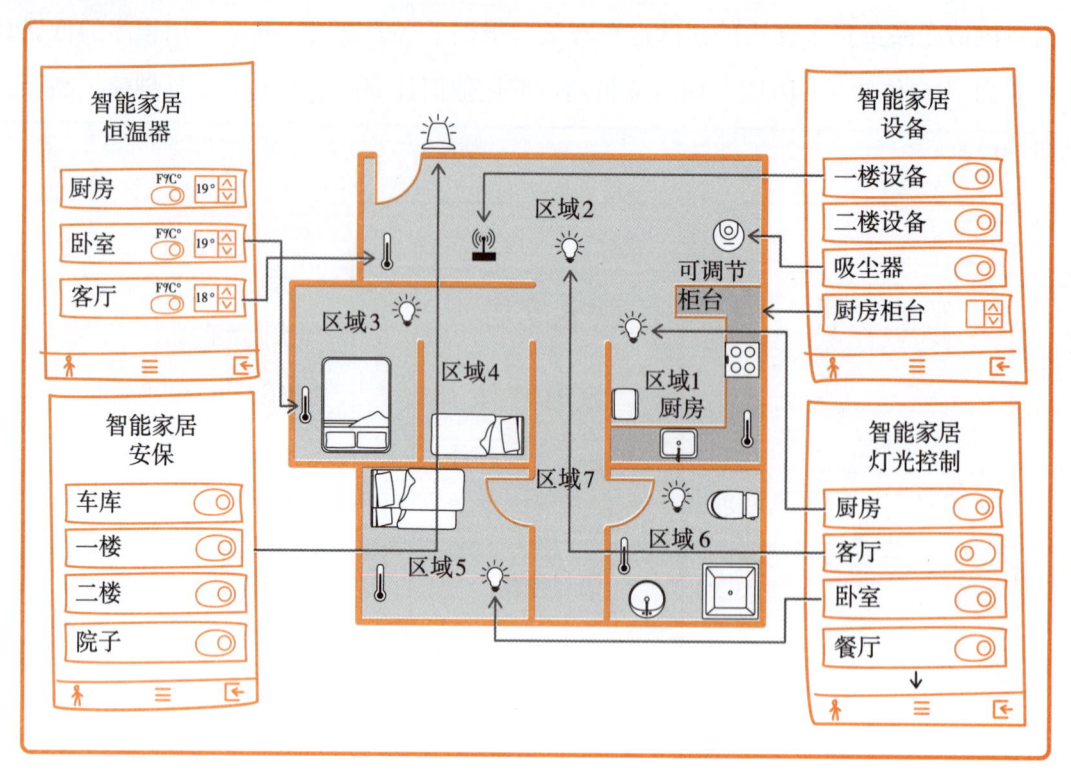

图 4-7 智能家居物联网应用程序

随着项目的变更，乔治使用需求跟踪矩阵识别影响。

4.4 打包解决方案信息

使用业务分析思维为可能需要理解或使用业务分析工作结果的人员提供了一个整体视角。它还增强了在与干系人沟通业务分析工作产生的输出时的创造力，使干系人能够轻松理解输出，并用反馈、决策或其他增加解决方案价值的反应对其进行响应。

4.4.1 概述

在业务分析活动中，大量信息被创建、收集和共享。解决方案信息，包括需求，可能包含不同类型或细节层面。需求可能指商业或干系人的需求，问题可能指干系人的问题或产品缺陷。随着各种过程或活动消费和产生信息，解决方案信息呈现出不同的状态。在业务分析工作的不同节点，需求可能处于已验证、已确认、已进行优先级排序或已批准的状态。此外，解决方案信息可能以各种形式存储，如工具、文档、笔记、电子邮件和人们的头脑。

打包解决方案信息的工作是将对干系人有价值的信息进行组装，使其易于消费，以便干系人可以按需使用，如进一步细化信息、做出决策、确认或验证需求，或者开发解决方案。

例如，需求研讨会可能产生解决方案信息，包括产品的功能性需求、模型、业务规则、用户故事、验收标准、非功能性需求、问题、风险、状态或约束。该研讨会的输出可能包括白板屏幕的截图、墙上的便利贴、电子表格中的停车场项目或其他项目。打包可能产生业务需求文档，以便有人可以审查和批准需求；可能产生需求跟踪矩阵，以便业务分析团队可以确认需求的覆盖范围；还可能产生产品待办事项列表中更新的用户故事，以便产品负责人可以优先考虑它们。

考虑到不同受众的需求，并非所有启发的解决方案细节都需要打包。例如，如果访谈揭示的信息在与其他来源确认后被确定为超出范围，因此不考虑作为解决方案，那么该信息可能由业务分析从业人员保留，但不一定需要为干系人打包，因为干系人不会使用该信息。

4.4.2 打包解决方案信息的价值

定义和细化解决方案的工作输出可能是以创建该输出的参与者所能理解的格式展示的，而不是以接收信息的干系人可消费或可使用的格式展示的。打包解决方案信息是一项持续的活动，促进在任何给定时间对解决方案和相关信息的共同理解。随着解决方案信息的逐步细化，干系人能够理解新出现的细节，并将其用于为解决方案增加价值和支持业务分析工作的某种目的。面对干系人的信息包应该清晰、简洁和可用。

4.4.3 如何打包解决方案信息

在获取解决方案的细节后，无论是通过即兴对话、计划研讨会还是其他方法，业务分析从业人员都要评估信息需要如何使用，并以符合将使用该信息的干系人目标的格式打包该信息。解决方案信息的一个重要组成部分是需求。记录的需求可能被称为解决方案文档，它可以是以下任何一种或多种形式的组合。

- 需求规范（通用术语，指包含需求的所有文档），包括但不限于以下内容：
    - 业务需求文档
    - 功能性需求规范
    - 软件需求规范
- 收集的书面用户故事
- 一组带有相关非功能性需求的用例
- 待办事项列表

打包解决方案信息时需要考虑的因素包括信息的组装时机、目标受众及他们将如何使用这些信息。以下是一些打包解决方案信息的例子。

4.4.3.1 业务需求文档

业务需求文档的格式应在规划中商定，一旦捕捉到需求，就可以开始创建文档。该文档的受众包括审查、验证和批准解决方案文档的业务干系人。开发解决方案的团队也使用并严重依赖业务需求中的信息，因为这是他们要构建的解决方案的蓝图。当开发工作外包时，解决方案文档必须精确、详细，因为外包团队通常缺乏内部开发团队所拥有的业务知识。业务需求文档示例如图4-8所示。

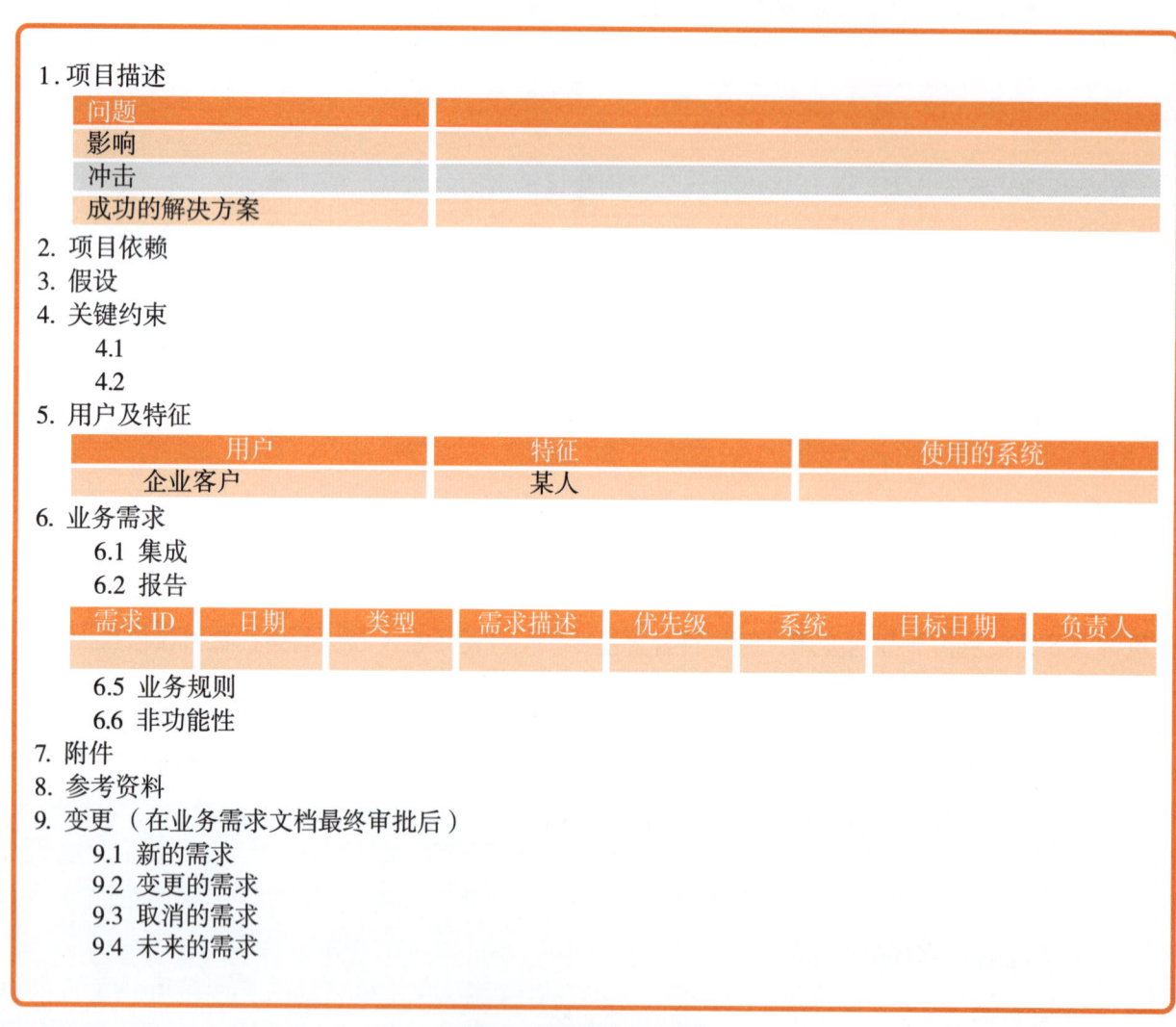

1. 项目描述
   - 问题
   - 影响
   - 冲击
   - 成功的解决方案
2. 项目依赖
3. 假设
4. 关键约束
   - 4.1
   - 4.2
5. 用户及特征

用户	特征	使用的系统
企业客户	某人	

6. 业务需求
   - 6.1 集成
   - 6.2 报告

需求ID	日期	类型	需求描述	优先级	系统	目标日期	负责人

   - 6.5 业务规则
   - 6.6 非功能性
7. 附件
8. 参考资料
9. 变更（在业务需求文档最终审批后）
   - 9.1 新的需求
   - 9.2 变更的需求
   - 9.3 取消的需求
   - 9.4 未来的需求

图4-8　业务需求文档示例

4.4.3.2 需求跟踪矩阵

需求跟踪矩阵是一个网格，将产品需求从其起源链接到满足它们的可交付成果。需求跟踪矩阵的格式及允许更新它的人员应在规划阶段商定。一旦有跟踪的需求，就可以开始填充文档。需求跟踪矩阵通常包括需求的状态、来源、关系（包括依赖性）及证明需求已按规定交付的其他信息。跟踪可以在单个需求级别、组级别、特征或功能级别进行。

选择跟踪需求级别的因素包括：

- 可用于跟踪的时长。

- 正在开发的解决方案的类型。

- 可能影响跟踪的相关规则。

- 组织实践和偏好。

有时，需求跟踪矩阵中的细节如此之多，以至于它成为主要的需求文档。在这种情境下，业务干系人、解决方案开发团队和其他人员将像使用业务需求文档一样，使用需求跟踪矩阵来审查、验证和批准解决方案文档（见图4-9）。业务分析从业人员使用它的原因包括：

- 与干系人沟通有关状态和其他感兴趣的信息。

- 进行影响分析，以确定一个需求的变更如何影响其他需求、工件或可交付成果。

- 通过跟踪业务需求确保解决方案需求在范围内。

- 确保覆盖了需求，如测试用例、设计文档、模型等。

	A	B	C	D	E	F	G	H	I
1	需求跟踪矩阵								
2	项目名称：		<可选>						
3	成本中心：		<必需>						
4	项目描述：		<必需>						
5	ID	关联ID	需求描述	业务需要、机会、目的、目标	项目目标	WBS可交付物	产品设计	产品开发	测试用例
6	001	1.0							
7		1.1							
8		1.2							
9		1.2.1							
10	002	2.0							
11		2.1							
12		2.1.1							
13	003	3.0							
14		3.1							
15		3.2							
16	004	4.0							
17	005	5.0							

图 4-9 需求跟踪矩阵示例

4.4.3.3 产品待办事项列表

产品待办事项列表包含有序的产品待办事项，通常以用户故事的形式表达，代表干系人的需求。用户故事的文档是非正式的——仅足以支持在选定的迭代中进行故事开发。用户故事通常遵循包括一个行动者、一个目标及一个动机或要交付的价值声明的格式。产品待办事项列表还可以包括业务规则、非功能性需求和其他解决方案信息，这些信息可能包含在用户故事的验收标准中，发布在产品待办事项列表中，或者由团队决定如何保持对它们的关注。产品负责人对产品待办事项列表中的内容和产品待办事项进行审批和排序。鉴于自适应环境的透明性，任何感兴趣的人都可以随时随地查看产品待办事项列表。

产品待办事项列表可以在任何时候添加产品待办事项，包括在商业价值评估中初步确定解决方案的时候。产品待办事项列表示例如图4-10所示。

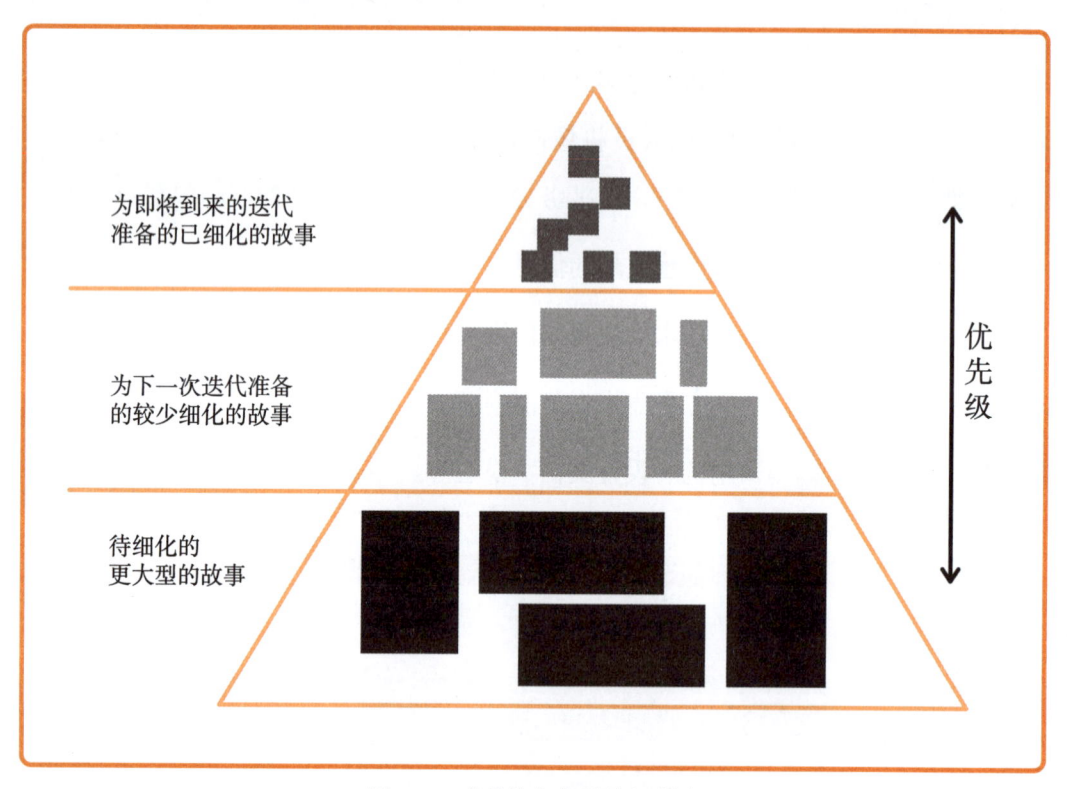

图4-10　产品待办事项列表示例

4.4.4　案例研究：打包解决方案信息

在整个项目中，乔治和拉尼根据干系人的需要以多种格式打包解决方案信息，包括产品路线图、故事地图和其他工具的输出。乔治用规划时的决定来指导应该包含哪些内容。他根据需要修订输出，使干系人易于理解，如避免使用缩写，用图例标识任何图像或模型的所有部分，并避免使用技术语言。

打包完成后，乔治通过将需求跟踪矩阵中的需求跟踪到商业和项目目标来验证信息。在乔治的协助下，其他业务分析从业人员和关键团队成员进行走查，对信息进行验证。确认和验证完成后，项目经理、施工负责人和销售与市场营销负责人通过电子邮件批准，并由发起人根据治理规划中定义的责任分配矩阵签字。

拉尼的解决方案信息被记录在待办事项中，通过待办事项细化完成确认和验证。拉尼和她的团队为用户故事创建了一个准备就绪定义（Definition of Ready, DoR）检查表，以指示何时可以将故事拉入迭代进行开发（见图4-11）。当最高优先级的用户故事满足准备就绪定义时，团队将它们拉入下一次迭代的计划会议，以定义工作任务。

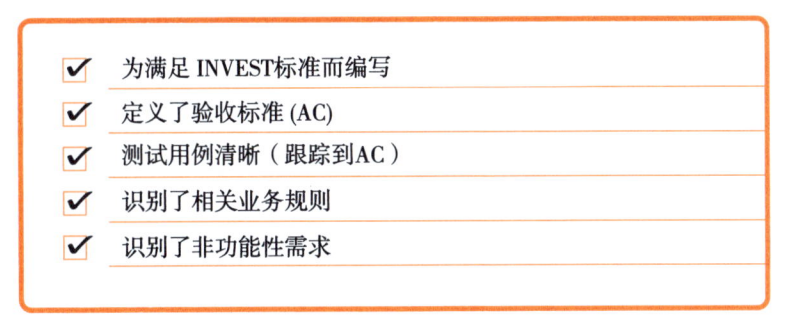

- ☑ 为满足 INVEST 标准而编写
- ☑ 定义了验收标准（AC）
- ☑ 测试用例清晰（跟踪到AC）
- ☑ 识别了相关业务规则
- ☑ 识别了非功能性需求

图4-11 用户故事"准备就绪定义"检查表

乔治和拉尼在这些活动中始终保持协作，以识别任何变更对彼此项目的影响。

第5章

组织过渡与解决方案评估领域

5.1　引言

组织过渡与解决方案评估涉及业务分析从业人员为组织顺利、有效地进行组织过渡做准备。这使组织建立起实施（或部分实施）解决方案的信心，并坚信解决方案能够在运营阶段获得预期且可持续的商业价值。

通过开展这项工作，以及启发、分析和提供足够的信息，组织能够证明它不仅能够做出改变，而且能够做好使用、测量和维持解决方案的准备，同时实现商业论证中阐明的解决方案价值。

5.1.1　本领域的预期内容

本领域提供了一种管理组织过渡活动与解决方案评估的方法。

组织过渡与解决方案评估由三个关键实践组成，帮助业务分析从业人员实现组织过渡，并确保商业价值能在解决方案发布后得以实现和持续（见图5-1）。

发布前	发布	发布后
促进组织过渡	协助做出继续/停止决策	评估解决方案绩效

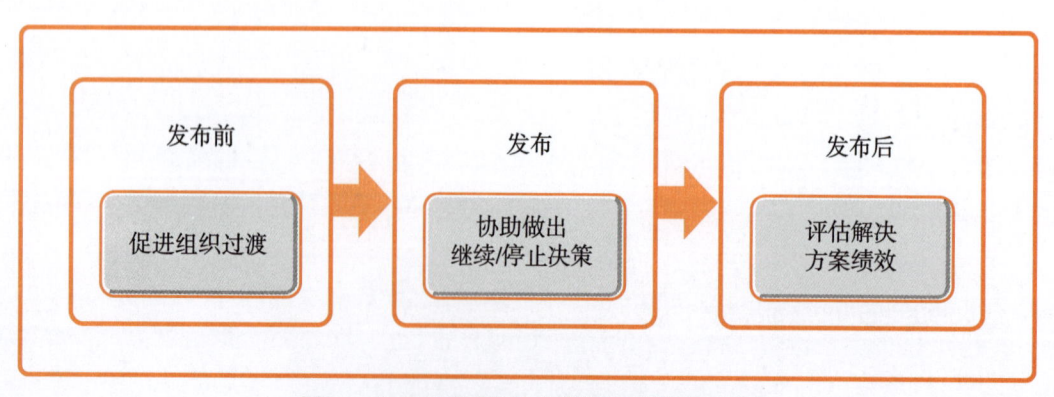

图5-1　组织过渡和解决方案评估的关键实践

- **促进组织过渡。**它允许组织通过跟踪所有过渡需求和活动将解决方案或部分解决方案整合到运营中；评估组织过渡准备情境；识别差距、问题和风险；采取必要的行动。
- **协助做出继续/停止决策。**它通过分析解决方案的所有重要方面及其对组织的影响并向干系人展示结果，使他们能够做出最佳决策，从而协助对解决方案负责的关键干系人做出继续/停止决策。
- **评估解决方案绩效。**它是确定实施的解决方案或解决方案组件是否符合商业论证阐明的预期商业价值的过程。

这些实践看起来是独立完成的单独实践，但它们可能在某些环境中无缝衔接，特别是在适应型环境中。在这样的环境中，产品增量被频繁而定期地交付。

在其他环境中，这些实践在产品生命周期的不同时间发生。促进组织过渡发生在解决方案发布之前。它可以在解决方案开发期间开始，并持续到发布。为了发布解决方案，干系人会审查分析结果以做出继续/停止决策。业务分析从业人员能促使所有这些活动顺利进行。最后，在解决方案发布之后，组织评估解决方案以确定是否实现了预期的商业价值。

5.1.2 本领域实践的主要收益

成功的组织过渡实践为组织提供了知识和保证，即当发布决策做出时，解决方案将被组织接受并维持。它还可以通过最小化"急于求成"的风险，避免因急于推出组织未准备好的解决方案而导致潜在的、高投入的失败，从而挽救组织的声誉。

"急于求成"是由人类行为的个体和集体两个方面导致的。它源于个体已经投入了时间和资源，从而过度致力于之前选择的行动方案，尽管未来的收益可能很小或不足，或者更糟糕的是，可能引入重大风险。

成功的产品发布取决于交付具有预期功能的解决方案，并让将要使用它的人做好准备。

解决方案评估包括这样的工作：将解决方案的实际结果与解决方案评估标准规定的预期或期望值进行比较而获得测量结果，并对此进行分析。

这些活动可能揭示解决方案的机会或问题，从而触发商业价值评估活动，以寻找改进解决方案的方法，或者弃用解决方案。

5.1.3 本领域回答的关键问题

- 组织过渡之前需要做什么？
- 如何评估组织接受改变的意愿和能力？
- 过渡策略是什么？如何从当前状态过渡到未来状态？
- 谁对解决方案负责并拥有决策权？
- 如何获得干系人对发布解决方案的批准？
- 该解决方案是否产生了预期的商业价值？
- 如何、由谁以及何时测量解决方案的绩效？

5.2 促进组织过渡

业务分析的思维模式是对识别、优先处理和解决干系人的关切领域持开放态度，同时促进组织过渡。通过系统性思考，业务分析从业人员可以增强组织对准备采用解决方案和接受解决方案成果的信心。

5.2.1 概述

启动组织过渡是指开展一系列活动，以建立组织准备好进行过渡的信心，并展示组织通过将解决方案或部分解决方案整合到其运营中的过程，完成从当前状态到未来状态的过渡。

过渡需求描述了从当前状态过渡所需的临时能力，如数据转换、培训需求和运营变化。在产品需求建模、定义和明细过程中，随着解决方案的完善，以及在变革准备过程中，也可能发现过渡需求。

在这一实践中，业务分析从业人员以系统化、规范化的审查方式准备和遵循过渡方法，确保完成所有过渡需求和相关活动，包括必要的沟通、培训、程序更新、数据转换和组织成功过渡所需要的所有文档。

业务分析从业人员根据准备就绪评估计划进行准备就绪评估，以核实在发布之前是否满足过渡需求。在准备就绪评估期间，可能发现一些需要通过纠正措施解决的差距。业务分析从业人员可能进行另一次准备就绪评估，以确保组织充分准备就绪。这些迭代的准备就绪评估确认组织、团队、过程、系统和产品已准备好进行过渡和执行解决方案。

业务分析从业人员根据过渡计划中确定的进度来跟踪与组织过渡相关的活动，包括但不限于：

- 识别、利用并处理所有过渡需求，包括制订沟通计划、时间表、培训、程序更新、恢复计划，以及其他成功过渡和适应未来状态所需的辅助材料。
- 计划如何、由谁来传达过渡活动和决策的结果。
- 计划如何通过分析、推荐过渡策略并获得批准来执行过渡。
- 识别决策者和决策标准，以决定是否部署整个解决方案、部分部署解决方案或根本不部署解决方案。
- 制定过渡活动的时间表，包括完成里程碑的截止日期。在最正式的形式中，时间表应有预定的进度，由负责项目管理和运营的人员共同制定和管理。
- 在过渡解决方案时识别并分析任何额外风险。
- 实施组织过渡风险响应。
- 协调过渡与实现未来状态的其他发布及独立部署的解决方案的关系。这将确保实施发生在组织能够整合变化（包括过渡本身造成的干扰）的时候，并且确保不会与其他正在进行的项目集和项目产生冲突。
- 提供所有必需的培训材料，完成培训交付。
- 完成或更新组织程序，提供相关辅助工具，并为组织创建参考指南。
- 购买许可证并安装解决方案所需的硬件和软件。
- 协调组织内的其他活动，以确保实施发生在组织能够整合变化的时候，并且确保不会与其他正在进行的项目集和项目产生冲突。
- 根据解决方案准备计划进行准备就绪评估，以发现差距。
- 解决组织准备就绪评估中发现的问题。
- 确保任何对业务运营的干扰都被清楚地识别、传达，并被客户接受。
- 向过渡计划中确定的干系人传达过渡活动和决策的结果。
- 根据组织准备情况完善过渡策略。

5.2.2 促进组织过渡的价值

该关键实践使组织和干系人能够顺利、有效地过渡到期望的状态，从而最小化阻力并降低风险。它通过确保受影响的个人和团体已准备好接纳所需的变化,提高了解决方案的成功率。它还建立了一种共识,即过渡到未来状态需要做哪些工作,并确保过渡需求得到满足。

该关键实践还确保组织成功接受实施新解决方案或解决方案组件所带来的变化,并且所有产品组件或解决方案的总体收益在上线后都可以持续。

启动组织过渡有助于:

- 确保平稳过渡。
- 识别和减少风险。
- 提高运营效率。
- 建立对组织、团队和过程的信任。

5.2.3 如何促进组织过渡

为了启动组织过渡,业务分析从业人员使用各种方法,如头脑风暴、引导式研讨会和访谈,获取必要的数据和信息。业务分析从业人员使用这些信息来制定过渡方法,包括过渡计划(规划过渡活动)、过渡策略和准备就绪评估计划。

业务分析从业人员根据过渡方法跟踪过渡活动的实施。为了确保活动成功实施并在组织中建立信心,业务分析从业人员进行准备就绪评估,以识别尚未处理的差距、风险或问题。

根据结果,业务分析从业人员确定进一步的活动和过渡需求,以处理差距、风险或问题,并完善过渡计划、过渡策略和准备就绪评估计划。这是迭代进行的,直到不再发现差距或剩余风险是可以接受的,并且组织满足了所有需求(见图5-2)。

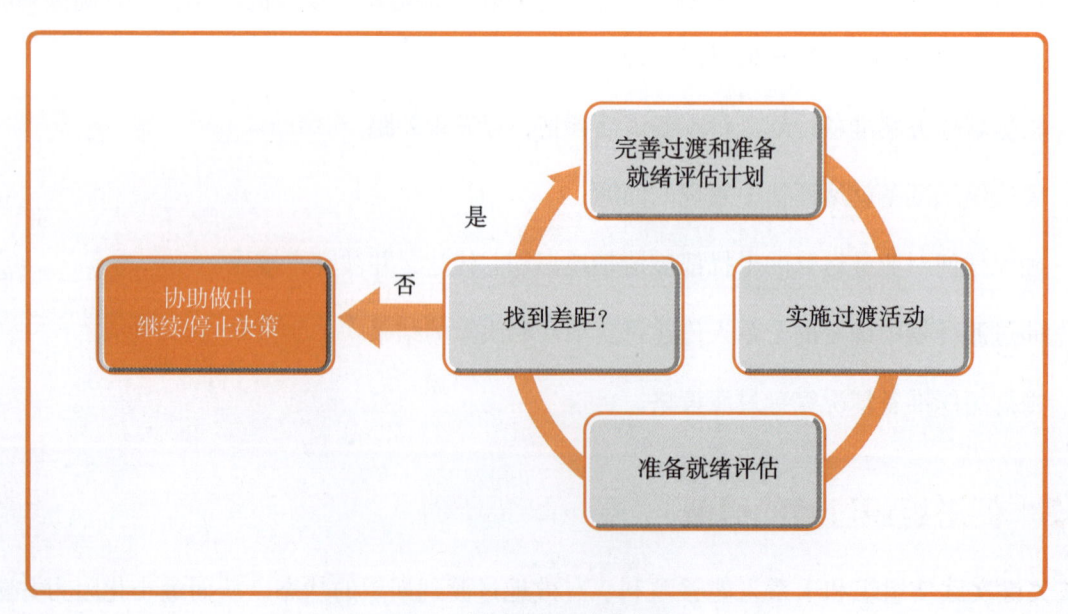

图5-2 促进组织过渡的步骤

一些差距、风险或问题的例子可能包括：

- 缺乏培训。
- 错误的过渡策略导致过渡失败的风险。
- 数据转换不完整。
- 缺乏程序。
- 缺乏协调。

为了促进组织过渡，业务分析从业人员可以使用各种方法，例如：

- 通过引导式研讨会和访谈识别组织准备就绪方面的任何差距。
- 创建过程流以描述过渡过程，使负责过渡的人员更容易知道需要做什么。
- 使用审计、风险评估、引导式研讨会和访谈进行评估。

以下是促进组织过渡时的产出物：

- 过渡方法。过渡方法包括过渡计划（规划过渡活动）、过渡策略和准备就绪评估计划。过渡方法考虑到已知的过渡考虑因素和准备就绪因素来计划过渡进度。该方法还确定了应参与过渡准备的干系人，以及如何最好地与他们合作。如果没有关键干系人参与过渡活动，过渡工作就将执行不佳。
- 过渡计划。过渡计划包括需要在上线日期之前完成的任务、预期完成日期和所需资源，并显示任务的顺序/依赖性。过渡计划基于准备就绪评估和所选择的过渡策略。

从业务分析的角度来看，过渡计划包括可操作和可测量的过渡需求。虽然过渡计划有一些通用方面可以从一个解决方案复用到另一个解决方案，但其他方面高度取决于受过渡影响的产品和行业，以及实施过渡的具体组织。

从对现有解决方案、后续解决方案（依赖该解决方案的其他一些举措）及过渡需求的分析中获得的洞察可用于定义过渡活动。可以使用责任分配矩阵来确定负责批准或签署解决方案的角色。

- 过渡策略。选择最佳的过渡策略是过渡方法的重要组成部分。错误的策略选择和实施会带来风险，可能导致失败。

过渡策略有几种，同样适用于自动化、人工和混合解决方案。计划过渡常用的策略如下。

- □ 大规模一次性切换。在安装替代系统和逐步淘汰原有系统之前，进行大规模一次性切换。

□ 分阶段切换。分阶段切换发生在逐步淘汰原有系统之前（如按地区、角色、功能分阶段）。分阶段切换意味着替代系统与原有系统暂时共存。

分阶段切换的典型原因如下。

- 需要处理大量过渡需求或准备就绪问题。
- 存在复杂的过渡需求或问题。
- 需要在多个地点进行过渡。
- 基于合规问题需要紧急过渡。
- 需要加快实现商业价值。

当需要分阶段切换并优先处理最高优先级的部分时，优先级方案可以作为过渡准备的一部分。

□ 有时限的共存。有时限的共存是指替代系统和原有系统在特定未来日期之前共存，最终进行切换。在这种策略下，使用替代系统执行的工作遵循替代系统的政策、程序和规则，而使用原有系统执行的工作继续在其政策、程序和规则下运行，直到切换日期。这种策略有时用于涉及架构或数据库变更的软件项目。

□ 永久共存。原有解决方案和替代解决方案作为固定系统存在，永久共存（所有新业务使用替代解决方案）。

通常，大规模一次性切换比分阶段或有时限的切换带来了更大的商业风险。然而，有时这种风险是可以接受的。

业务分析从业人员执行成本收益分析以确定使用哪种方法。他们使用风险评估来识别和分析与每种过渡策略相关的风险。在选择适当的策略时，不同的观点是有用的。在引导式研讨会中使用批判性思维有助于识别每种方法的优势和劣势。

确定最适当策略的其他问题或研究的例子如下。

□ 采用两种解决方案会对运营产生什么影响？

□ 是否有任何面向客户的或营销的条件要求客户同时与替代解决方案进行交互？

□ 替代解决方案是否涉及软件？

□ 是否可以接受一部分客户使用原有解决方案，而另一部分客户使用替代解决方案？

- 准备就绪评估计划。业务分析从业人员制订准备就绪评估计划，以确定组织利用其新能力过渡到未来状态的能力与兴趣。该计划可能采用准备就绪评估清单的形式，其中可以勾选准备就绪特征，以揭示仍需关注的过渡元素。

准备就绪评估计划需确定以下项目：

- 组织准备就绪的测量标准是什么？
- 如何测量组织是否准备就绪？
- 评估准备就绪的角色和责任是什么？

准备就绪评估不仅考虑组织进行过渡的能力，还考虑其使用和维持解决方案的能力，并实现解决方案的价值。

评估考虑了干系人的文化准备情境，实施过渡的运营准备情境，实施过渡与实现价值之间的时间框架，以及支持过渡的可用资源。业务分析从业人员利用评估来识别任何准备就绪差距（它们被视为实现最终状态的风险），并为解决这些问题制订风险响应计划。在评估结束时，业务分析从业人员生成一份报告，其中包括准备就绪评估的结果。

5.2.4 案例研究：促进组织过渡

乔治和拉尼合作定义过渡需求，以促进从当前不受欢迎的房屋向改造后的智能家居的过渡。他们首先定义了过渡需求。

5.2.4.1 过渡需求

- 装修期间，SCC公司将安排业主在当地的临时居所中居住，直到工作完成。
- 装修期间，将根据需要从家中移除家用电器、家具和车库物品。
- 装修期间，将对现有业主进行物联网特性的面对面培训。
- 业主搬回房屋后，将为他们提供为期两周的物联网特性电话支持。

5.2.4.2 过渡计划

乔治制订了一个过渡计划（见表5-1），并请拉尼与他合作，因为过渡包括将物联网特性添加到新家中。在计划之前，他们互相提醒，他们正在定义和设计过渡范围，但实际的过渡工作是项目经理的责任。他们一起定义了过渡范围和高层级的步骤与活动。

表5-1 添加物联网特性的过渡计划

过渡计划												
过渡范围：从房屋准备就绪到业主和家人搬回房屋并使用新特性的整个过程												
活动	负责人	日期										
		1	2	3	4	5	6	7	8	9	10
房屋装修：											
清除工作区的建筑材料	施工团队										
为业主清洁房屋	施工团队										
测试公共基础设施	支持团队										
确认居民能够通过街道回家	施工团队										
搬回家用电器、家具和车库物品，并检查功能	施工团队										
清除材料和杂物	施工团队										
准备房屋设计	施工/支持团队										
检查房屋竣工情况	支持团队										
临时居所费用结算	支持团队										
基于物联网的智能家居：		1	2	3	4	5	6	7	8	9	10
物联网功能成功试用	开发团队										
准备物联网支持服务台	支持团队										
对业主进行必要的物联网培训	支持团队										
检查物联网设备功能	支持团队										

5.2.4.3 过渡策略

房屋改造采用分阶段方法实施。他们一次改造五栋房屋，并将所有施工合并到一个街区，以最小化交通中断。对每五栋房屋的每个部分做出继续/停止决策。乔治和拉尼制定了一份准备就绪评估清单，用于指示一切是否准备就绪，可以继续实施（见图5-3）。

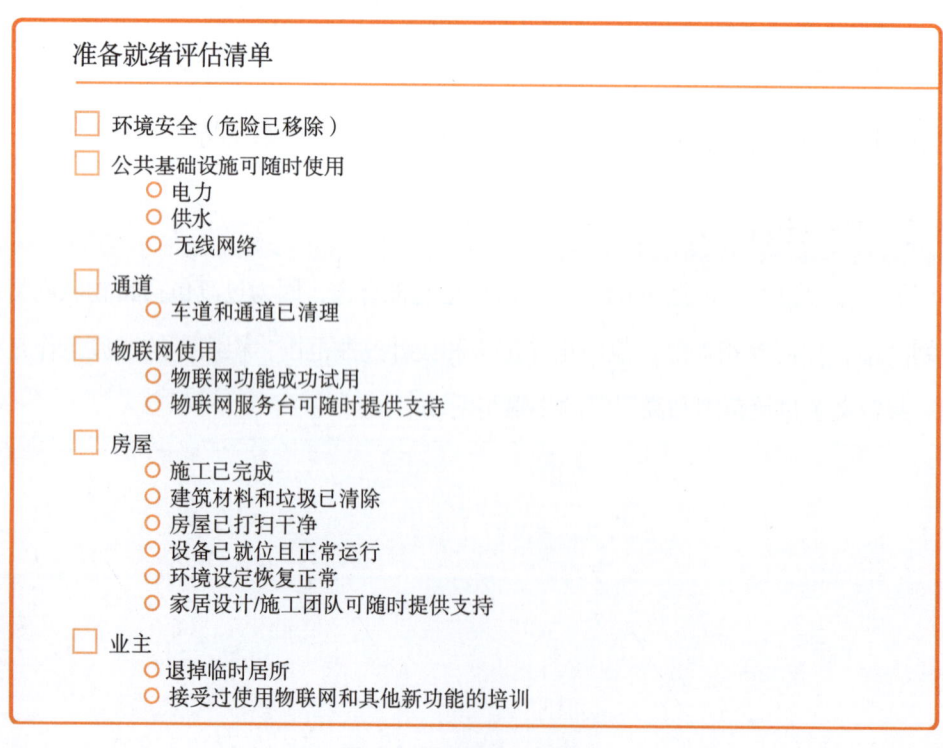

准备就绪评估清单

☐ 环境安全（危险已移除）
☐ 公共基础设施可随时使用
　○ 电力
　○ 供水
　○ 无线网络
☐ 通道
　○ 车道和通道已清理
☐ 物联网使用
　○ 物联网功能成功试用
　○ 物联网服务台可随时提供支持
☐ 房屋
　○ 施工已完成
　○ 建筑材料和垃圾已清除
　○ 房屋已打扫干净
　○ 设备已就位且正常运行
　○ 环境设定恢复正常
　○ 家居设计/施工团队可随时提供支持
☐ 业主
　○ 退掉临时居所
　○ 接受过使用物联网和其他新功能的培训

图5-3 准备就绪评估清单

5.3 协助做出继续/停止决策

业务分析的思维模式要求业务分析从业人员与关键干系人合作，客观审查过渡活动和准备就绪评估的结果。这使决策者能够从多方面考量组织过渡，以及继续/停止决策的风险和问题，并有勇气根据业务需要做出最佳决策。

5.3.1 概述

为了获得发布决策，业务分析从业人员需要收集足够的数据和信息，协助对解决方案负有责任的关键干系人（如负责批准或签署解决方案的角色）做出决策。这使关键干系人能够为业务做出最佳决策，决定是否全部发布、部分发布或根本不发布解决方案。

术语"发布"是指将全部或部分解决方案发布至产品开发团队负责的生产环境中。它也可以指将全部或部分解决方案直接发布至相关运营领域中。发布要么发生在解决方案开发结束时，要么发生在开发过程中，这取决于所选的开发方法。

业务分析从业人员向干系人提供足够和正确的信息，帮助他们为组织做出最佳决策，以满足业务需要，并最大限度地实现和维持商业论证中阐明的解决方案的价值。因为评估会产生大量的信息，所以采用易于理解的方式总结评估结果显得尤为重要。

以下几种信息需要包括在内，例如：

- 由评估验收结果证明的解决方案的可接受性。
- 确认组织已准备好发布。
- 确认为准备发布而进行的过渡活动已按要求完成，包括协调并发的多个解决方案。
- 接受任何剩余的产品风险和权变措施。
- 已知问题和针对这些问题提出的任何权变措施。
- 基于过渡计划与适当的干系人进行沟通。

根据组织规范，获得发布决策可能还包括获得签署。签署的形式取决于以下因素：

- 项目或项目集的类型。
- 产品类型。
- 项目生命周期。
- 发布规模。
- 公司和监管制约因素。

当存在以下一个或多个特征时，项目正式签署是一种常规的协议：

- 对业务范围或企业范围产生影响的项目。
- 错误或失败可能导致死亡或使生命、财产或财务偿付能力的风险达到不可接受水平的产品。
- 组织中遵循严格预测方法的项目。
- 受到严格监管的行业，如银行和保险业、医疗器械、临床研究或制药行业。

正式签署的协议应在计划中约定，并应包括如何记录和存储，是否需要所有签字人当面签署，或者是否可以接受远程签署。

5.3.2 协助做出继续/停止决策的价值

继续/停止决策为对产品负有责任的干系人提供了机会，以决定是否发布全部、部分解决方案或根本不发布解决方案。它在开发解决方案和发布干系人接受的解决方案之间创建了一个约定的断点。

这一过程有助于获得干系人的认同，并降低抵触解决方案的风险。

5.3.3 如何协助做出继续/停止决策

在收集了必要的信息并分析了结果之后，业务分析从业人员协助召开一次解决方案的继续/停止决策会议（见图5-4）。

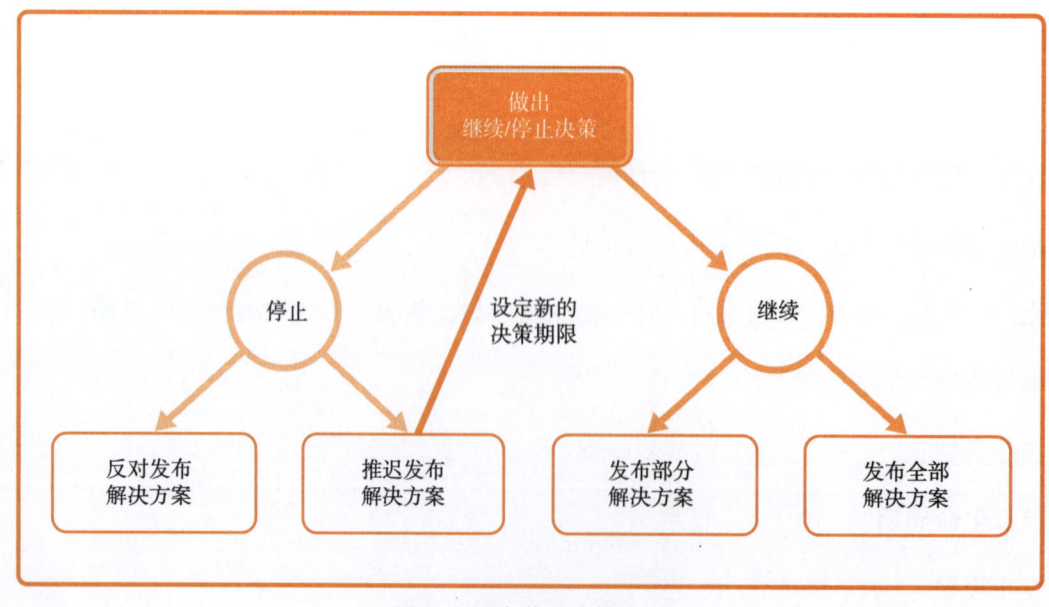

图5-4 继续/停止决策示例

以下是在协助做出继续/停止决策时的一些考虑因素：

- 尽可能通过互动（面对面、视频交流等）做出继续/停止决策，以鼓励人们参与并提出问题，从而使他们理解各种观点的根本原因。
- 在过渡计划中被确定为批准或签署解决方案角色的干系人通常是做出继续/停止决策的个人。
- 以表格或可视化形式呈现评估结果，以帮助决策者理解影响并做出决策。
- 使干系人有机会在会议前获得问题的答案和听取汇报。
- 关于如何做出决策的商定的决策模型应该已经到位。
- "继续"表示准许发布全部或部分解决方案；"停止"表示推迟或不同意发布解决方案。

根据组织实践，发布决策也可能涉及获得发布签署。在采用适应型项目方法时，非正式签署通常发生在每次迭代的结尾。如果需要，正式签署会在将解决方案发布到生产环境之前进行。在采用预测型项目方法时，签署通常发生在项目结束时，也可以发生在产品发布前后，或者发生在保修期结束之后。

5.3.4 案例研究：协助做出继续/停止决策

乔治展示了准备就绪评估的结果，包括已完成的检查表，并参考了业务分析计划中治理责任分配矩阵规定的协助做出继续/停止决策的决策过程。因此，拉尼和乔治在投票前作为顾问发表了意见，然后发起人、项目负责人、项目经理、施工负责人及销售和营销负责人都对是否继续进行了投票。需要一致同意才能继续。在乔治和拉尼分享了他们对过渡状态的看法之后，其他人投票同意继续。

5.4 评估解决方案绩效

业务分析的思维模式使业务分析从业人员能够客观地审查解决方案绩效，以确定解决方案是否满足预期，以及是否需要改进、更新、替换或终止。

5.4.1 概述

评估解决方案绩效包括确认已投入运营的解决方案或解决方案组件是否交付了期望的商业价值。业务分析工作包括使用在计划中确定并可能在收益测量计划中获得的指标，根据商业论证中的商业目的和目标对解决方案实际交付的商业价值进行测量。评估解决方案绩效通常在解决方案发布后进行。如果采用适应型方法，业务分析从业人员就会在解决方案开发期间进行评估；如果采用预测型方法，就在解决方案开发完成后进行评估。无论哪种方法，对解决方案绩效的评估都发生在项目组合和项目集的高层级活动中，而非解决方案开发活动中。

长期或短期绩效评估是对已实施的解决方案实现的商业价值进行评估的一部分。用来评估解决方案的大部分指标都能在商业论证期间制订的收益管理计划中找到，可以利用这些指标定期对解决方案绩效实施长期或短期的评估，以识别解决方案绩效表现出的积极或消极的趋势。

业务分析从业人员分析相关的商业目的和目标、先前发布的评估的验收结果、性能数据及基准数据（如有），以确定是否增加了价值，并找出偏离预期目标的原因。未能实现商业价值的典型原因包括：

- 技术原因。
- 商业实践或制约因素。
- 对产品及其预期用途的抵制。
- 产品使用者采用投机方法规避真实或可感知（可预见）的解决方案限制。

产品绩效评估可为提升解决方案的长期绩效的建议提供输入，同样可为项目组合与项目集管理中关于进一步改进产品决策、新产品决策、替换或终止产品决策的建议提供输入。

5.4.2 评估解决方案绩效的价值

评估解决方案绩效提供了切实数据，用于确定已实施的解决方案是否实现了或正在实现预期商业价值，同时可作为未来项目决策的基础。商业价值基本原理及其实现程度是项目组合或项目集管理中做出产品决策时需要考虑的重要因素。

业务分析从业人员通过评估告知决策者是开发新产品，还是改进或下线现有产品。评估结果可以让业务分析从业人员在已实施的解决方案中发现问题或机会。

5.4.3 如何评估解决方案绩效

评估解决方案绩效工作包括审查已实施或部分实施的解决方案，以评估组织预期的商业价值是否正在交付（见图5-1）。如果预期和实际价值之间存在显著偏差，业务分析从业人员就会分析情境，以发现问题或机会。如果商业价值超出预期价值，分析的情境将被视为机会，因为组织可以利用它进一步增强积极成果。

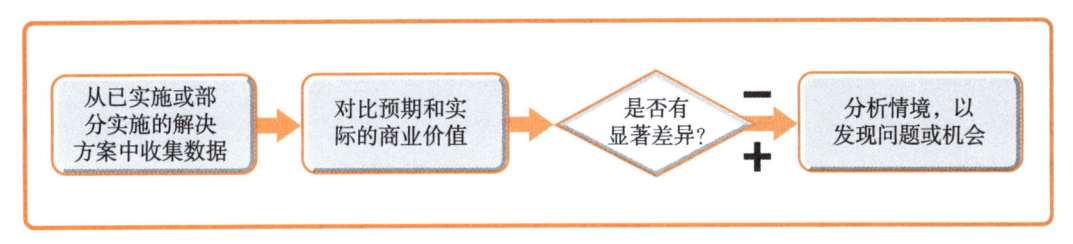

图5-5 评估解决方案绩效

商业价值评估是预期商业价值与已实现的实际价值相比较的结果。如果预期商业价值未能实现，评估内容还包括原因分析。

用于评估商业价值的数据通常由实施该解决方案的商业领域或已构建到产品中的功能来测量和获取。业务分析技术用于分析期望结果与实际结果之间的差异，并作为评估解决方案商业价值的一部分。

作为解决方案的一部分而捕获的所有信息都可以进行分析，以确定成果和趋势。例如，现代营销组织依靠分析/商业智能能力来评估营销活动是否使客户的长期行为按照预期改变。

许多商业价值的测量需要在解决方案发布后进行，并且通常需要长期测量才能发现趋势。这就需要组织承诺对测量能力进行投入，以构建或购买的方式获得测量商业价值的能力。当组织无法确保这些投入时，就需要考虑其他成本较低的商业价值测量方法，甚至考虑测量解决方案的价值是否值得。

5.4.4 案例研究：评估解决方案绩效

乔治和拉尼按照批准的商业论证和收益管理计划确定他们想要监控的指标，以确认解决方案是否按照商业论证交付了预期价值。他们还确认了要将基准指标与实施后的指标进行比较。

乔治将从业主那里获得的净推荐值（Net Promoter Score, NPS）确定为评估解决方案绩效的主要手段。拉尼将房屋销售数量确定为评估解决方案绩效的主要手段。他们还打算通过访谈和焦点小组的方式获得解决方案绩效的主观证据。表5-2提供了解决方案绩效评估结果的一些细节。

表5-2 解决方案绩效评估结果

| 解决方案绩效指标 ||||||
指标	基准	目标结果	时限	负责人
房屋销售数量	25套	125套	截至明年第二季度	销售与营销团队
净推荐值（NPS）	−30	40	适应新家后的1个月内	销售与营销团队

续表

解决方案绩效指标			
指标	基准	改造完成后1个月	改造完成后3个月	改造完成后6个月
预期房屋销售数量	N/A	40套	70套	125套
实际房屋销售数量	25套	38套	76套	
预期NPS	N/A	40	40	
实际NPS	−30	20	22	

3个月后，乔治和拉尼审查了解决方案绩效评估结果，并为解决方案的绩效感到鼓舞。他们制定了多种策略来提升解决方案的有效性。

为了实现销售125套房屋的目标，他们准备对包括媒体广告在内的营销手段做出优化。同时，虽然他们对NPS的提高印象深刻，但实际值还是与预期值存在差距，因此拉尼对情境展开调查，以识别问题或改进的机会。她觉得对物联网支持的变更将有助于取得更好的结果，并准备开展研究以证实这一点。

第6章

业务分析管理领域

6.1 引言

业务分析管理领域包括所执行的一系列活动和相关注意事项，这些活动和注意事项对所有业务分析工作都至关重要，其目的是提升业务分析工作和结果的有效性，使组织受益，并为环境与社区提供支持。

通过开展管理工作，业务分析活动和解决方案的有效性将被定期跟踪和测量，以确保实现目标收益，构建和发展业务分析能力和文化，并认真考虑潜在的道德问题。

6.1.1 本领域的预期内容

当业务分析从业人员进行业务分析工作时，本领域提供了一种行使良好管理的方法。

良好管理由以下三个关键实践组成，帮助业务分析从业人员跟踪和评估业务分析工作的有效性，确保其为组织提供目标价值；在组织内部或与干系人一起建立和提升业务分析能力；自觉考虑业务分析工作和解决方案应用对社区的影响。

- **提升业务分析有效性**。它使业务分析从业人员能够在执行业务分析活动时或解决方案发布后，定期跟踪和检查业务分析工作的有效性，以确保业务分析工作为组织带来预期的商业价值。
- **提升业务分析能力**。它包括利用培训、指导和影响干系人的机会，在组织中建立和推广业务分析文化，以提升组织做好业务分析工作的能力。
- **以诚信引领业务分析**。它确保在执行业务分析工作时考虑环境、可持续性、社会、文化和财务因素，包括业务分析活动的影响、提出的解决方案及解决方案发布后的应用。

6.1.2 本领域实践的主要收益

良好管理是基于业务分析思维模式进行业务分析工作和实践的基本原则。例如，以诚信引领业务分析，能够建立起长期的信赖和构建开放的环境；在这样的环境中，干系人感到安全和舒适，团队成员间的配合和协作是有效的，并且能够实现有意义的产出。只有组织中的高层干系人认同业务分析工作的价值，才有机会建立起一种自上而下的、支持业务分析实践的文化。同时，业务分析从业人员可以通过正式或非正式的沟通、培训和指导影响那些参与业务分析工作的干系人，以便干系人能够理解业务分析工作的价值，并提升他们执行或支持与其日常工作相关的业务分析活动的能力。这些活动将帮助人们理解和处理业务分析工作，使人们更从容地执行这类工作，并为业务分析实践构建积极的环境。

6.1.3 本领域回答的关键问题

- 什么是业务分析工作中的良好管理？
- 如何提升业务分析有效性？
- 如何在组织中建立支持业务分析实践的文化？这种文化会带来怎样的收益？
- 对组织、干系人和业务分析从业人员来说，以诚信引领工作的收益是什么？

6.2 提升业务分析有效性

业务分析思维提倡持续改进与不断成长的精神。它支持业务分析从业人员积极发现改进过程和工具的机会，以期在满足组织需要的基础上实现价值的最大化。

6.2.1 概述

业务分析从业人员应积极审视并采取行动，促进业务分析活动持续改进和逐步成熟，这有助于提升业务分析有效性。提升业务分析有效性并非出于个人利益，如业务分析从业人员只是想方设法增加人员或其他资源，从而扩大组织中的业务分析实践，而不考虑这些做法是否为组织带来直接收益。相反，提升业务分析有效性应关注并审查业务分析实践的所有方面，以识别组织在知识、工具、过程、产出或成果方面的欠缺，并减少其与期望之间的偏差或差距。

一些拥有成熟的业务分析过程和团队的组织可能已经建立了明确的业务分析专业标准、绩效测量标准及质量控制标准；这些标准将直接指导组织提升业务分析有效性。其他组织或个人企业可能采用非正式的方式来评估成功。形式不如结果重要：创造提升业务分析有效性的机会。

6.2.2 提升业务分析有效性的价值

提升业务分析有效性是业务分析良好管理的基础。如果没有评估和反思绩效的手段，业务分析实践就可能变得陈旧、无关紧要，其交付的价值也将减少。如果人们认为资助或参与活动的风险大于交付价值的回报，业务分析实践甚至有可能成为成功的阻碍。

业务分析有效性适用于从评估商业价值到评价解决方案的业务分析实践的所有方面。其复杂程度和耗时取决于实践的性质。业务分析思维模式是这样一种思考方式，它支持充分利用可用资源以实现未来状态的目标。它可以是很正式的，如为整个业务分析团队确定当前季度的关键绩效指标，并用以衡量工作绩效。它也可以是非正式的，如业务分析从业人员在"咖啡休息时间"向干系人征求反馈信息。其价值在于积极主动地、回顾性地识别可以改进的机会。

6.2.3 如何提升业务分析有效性

组织中业务分析活动的广度和深度使业务分析从业人员能够了解业务分析有效性的提升和实施程度。从根本上说，业务分析从业人员需要执行以下活动：

- 查明哪些业务分析活动对实现组织目标的贡献最大，从而确定关键绩效领域。活动可能涉及干系人参与、业务分析敏捷性或整体解决方案实施后的有效性。在做出决定时，需要与项目团队和其他干系人合作，因为他们的意见对业务分析成功至关重要。

- 现在测量关键绩效领域以建立基准，并随着时间推移识别结果中的模式。绩效可以通过多种方式进行测量，如调查、跟踪、清单和其他方法。寻找差距，确保当前使用的过程和工具根据实践和组织的预期增加价值。

- 识别产生差距的原因，并迅速采取行动进行补救。这些差距代表宝贵的改进机会，其中可能包括为业务分析从业人员提供额外培训，选择更有效的工具，采用适应型方法或重新设计过程，以增加价值并消除浪费。

- 关注质量，确保过程的执行和工具的使用是一致的。缺乏一致性可能在项目团队和干系人中引起混乱或不满。

通过重视提升业务分析有效性，业务分析从业人员可以创建有规律的节奏来加强业务分析实践，从而促进规划和执行，更好地吸引干系人；并且随着时间的推移，使组织变得更加主动并以价值为驱动。

6.2.4 案例研究：提升业务分析有效性

乔治和拉尼都以高度的责任感及负责任的态度对待他们所从事的业务分析工作，这不仅体现在他们对业务分析活动的管理上，也体现在业务分析活动的可交付物和成果上。他们通过评估业务分析从业人员的表现，努力提升组织内的业务分析工作的有效性，并寻找提高业务分析绩效和取得更好成果的机会。乔治和拉尼都致力于持续改进，并乐于接受他人关于如何更高效地进行业务分析工作或提升业务分析工作价值的建议。虽然他们都寻求最大化业务分析工作的价值，并在组织内提升业务分析实践的成熟度，但他们采取的方式有所不同。

乔治在SCC公司推广业务分析实践的努力包括测量业务分析工作的成果。他收集指标，识别业务分析活动中潜在的问题和改进的机会。在房屋改造项目的规划期，乔治确定了监控团队工作表现的指标，并使用一个矩阵收集和记录相应的数据，以便在组织过渡和解决方案评估结束后对其进行跟踪（见表6-1）。

表 6-1 业务分析绩效指标

指标	如何测量	第1个月	第2个月	第3个月	第4个月
业务分析及可交付物的质量	业务分析从业人员花在回答有关文档及可交付物的问题上的时间百分比	21%	18%	11%	
干系人对业务分析工作价值的满意度	使用1分（低）至5分（高）的评分量表，调查平均响应值	3.75 分	4 分	4 分	
团队有效协作的能力	促使团队自我评估（有待改进、良好、非常好、优秀）	有待改进	良好	非常好	

拉尼提升业务分析有效性的能力是通过迭代过程本身实现的。有两件事使拉尼和团队改进了他们正在进行的业务分析工作，并帮助提升了团队业务分析工作的成熟度和有效性。

首先，与客户的迭代评审提供了涉及团队表现的反馈，这些反馈包括以下方面：团队如何启发客户的需求；这些需求如何传达给解决方案的开发团队；确定优先级的方法是否有效；每次迭代中包含的其他关键业务分析活动和成果。

其次，在迭代评审之后，团队的回顾会议为团队提供了一个评估他们在整个迭代过程中的表现的机会。考虑到他们在每次迭代中所做的大部分工作基本上都是业务分析工作，如定义用户故事、定义验收标准、确定故事的优先级、促进对"需求"的共同理解、确保解决方案需求和其他细节都在范围内且能够增加价值等，拉尼确信她及团队是业务分析工作的有力管理者，并且过程本身也能确保他们不断改进。

6.3 提升业务分析能力

业务分析思维模式使业务分析从业人员能够帮助他人发掘他们自身的业务分析能力，以在整个组织中推广业务分析思维。拥有业务分析思维的业务分析人员通过保持判断力、包容性和灵活性来营造一个安全的环境，以培养健康的业务分析文化。

6.3.1 概述

业务分析从业人员帮助他人识别出自己所从事的业务分析活动，并激励他们运用业务分析技能，从而提升组织内部及所有类型从业者的业务分析能力。无论是什么工作，当人们意识到自己的工作是业务分析工作时，都有极大的机会改进工作成果。

一名合格的业务分析从业人员有助于在组织中建立有效的业务分析文化，帮助人们学会识别他们所从事的业务分析工作。无论是通过午餐交流会来共同创建过程模型，以理解特定业务功能的工作方式，还是研究新的模型，业务分析从业人员都能激发大家的好奇心，提升组织内部的业务分析能力。作为业务分析的良好管理者，业务分析从业人员促进各类从业者互相学习和协作，以支持业务分析能力的成长。业务分析从业人员还帮助他人建立信心，去尝试和应用他们学到的业务分析实践知识。

6.3.2 提升业务分析能力的价值

随着业务分析从业人员在整个组织中提升业务分析能力，业务分析的语言、实践和工具变得更加为人所熟知。组织中的个人在进行业务分析工作时更加自如，并且更懂得何时需要向更有经验的业务分析从业人员请教。这有助于缓解因业务分析资源有限（如一名业务分析从业人员需要支持多个项目）而产生的压力。

提升业务分析能力是提高业务分析效率的关键，也是增强组织敏捷性的动力。当业务分析从业人员积极推广业务分析时，业务分析的价值更容易被认可，组织也会更加热情地支持业务分析实践。通过围绕提升业务分析能力而开展的良好管理活动，人们感到自己被赋予了开展业务分析工作的能力；人们独立进行工作及与他人协作，以获得良好业务分析实践收益的能力也不断提升。组织中的个人更有可能主动行动以更快地获得收益，而不是被动等待"业务分析从业人员"来启动工作。总之，组织将发展出一种更健康、响应更迅速的业务分析文化，并在需要时随时随地从业务分析工作中获益。

6.3.3 如何提升业务分析能力

业务分析从业人员每次与干系人互动时都能够提升业务分析能力，无论干系人是团队成员、业务人员还是组织中的其他人员；业务分析从业人员是通过保持透明，并识别互动过程中的学习机会来实现这一点的。运用业务分析思维模式，业务分析从业人员通过保持耐心和专注于共同理解，为自己和他人创造学习的机会。

例如，在与干系人共同参加需求收集研讨会，与团队成员进行关于模型的头脑风暴，或在迭代结束时评审开发成果时，业务分析从业人员通过以下简单方式提升能力：

- 告知干系人正在使用的工具。
- 邀请参与者尝试主导会议。
- 促进正在使用的工具是否存在其他应用方式的探索性讨论。

从根本上讲，业务分析从业人员通过促使业务分析更易于理解和使用来提升业务分析能力。他们通过请干系人更多地专注于协作学习，而非过分担心对实践或工具的使用是否"正确"，来消除从业务分析中获益的障碍。业务分析从业人员识别出连干系人自己都未意识到的业务分析活动，帮助干系人更容易地使用业务分析。

提升业务分析能力是通过运用业务分析思维模式，培养对业务分析学科的热情，并与他人分享这种热情来实现的。

6.3.4 案例研究：提升业务分析能力

乔治和拉尼致力于在整个组织中提升业务分析能力。在与干系人合作时，乔治会特意用简单的语言解释工具和技术，以激发提问。他经常在团队会议议程中留出时间来开展即时性的学习，并在学习中邀请一名团队成员分享他面临的挑战，或者分享他如何使用特定技术。拉尼的团队对相互学习有很高的期望，学习是他们团队文化的重要组成部分。

乔治和拉尼都尽可能地与业务分析人员和其他干系人共同召开会议，并尝试主持非常简短的、在线的、非正式的引导式讨论会议，以分享业务分析的工具和技术。这些会议通常不超过20分钟，是传达工作价值并鼓励干系人提升自己业务分析能力的有效方式。上周，关于如何使用完成定义来设定工作期望的会议得到了非常好的反响。

6.4 以诚信引领业务分析

业务分析思维是以诚信引领业务分析工作的基础。全面且综合地思考能够使业务分析从业人员理解解决方案和业务分析工作的深远影响。良性的质疑精神使业务分析从业人员能够在其他人可能自满的地方提出问题。这种思维模式引导业务分析从业人员创造性地探索满足业务需要的方法，同时作为环境、可持续性、社区和组织财务福祉的良好管理者行事。

6.4.1 概述

以诚信引领业务分析意味着公开承诺遵守业务分析的价值观，包括道德、环境、可持续性、社会、文化和财务等方面的考量，并在组织内提升对上述承诺的透明度。

商业问题的解决方案不断地挑战道德界限。涉及人工智能、机器学习、隐私问题和数据安全等方面的解决方案，是将业务分析从业人员置于复杂道德问题核心的例子。利用新技术的诱惑是强烈的；对新技术的担忧是令人畏惧的。以诚信引领业务分析的业务分析从业人员会提出这些担忧，并有勇气询问是否存在对自然环境或人类社会有潜在伤害的问题。作为解决方案的保管者，业务分析从业人员处于战略性的地位，可以在解决方案的具体内容逐渐明确之际引导和促进各方围绕解决方案进行讨论。

以诚信引领业务分析意味着业务分析从业人员在开展工作和与他人合作时，以如下方式承担良好管理者角色：

- **自然环境的良好管理者**。业务分析从业人员对解决方案可能对现实和自然环境产生的潜在影响持有坦率和真诚的态度。业务分析从业人员不会推荐一个对自然环境有害的解决方案，并且会主动向相关各方通报这一问题，确保环境影响问题得到妥善考量和处理。

- **可持续发展的良好管理者**。业务分析从业人员推崇那些降低资源消耗、尽可能重复利用资源并尽可能使用环保资源的解决方案。此外，他们将确保解决方案选项在可持续性方面的透明度。

- **社会与文化的良好管理者**。业务分析从业人员努力且充分地理解解决方案可能对人、文化和社区产生的影响。他们评估解决方案的积极和消极影响，确保干系人能够理解这些影响，并积极协作，共同寻找减轻负面风险的方法。

- **财务的良好管理者**。业务分析从业人员会避免个人的财务利益与组织或客户的财务利益发生冲突，并通过致力于在产品和解决方案生命周期中做出符合道德且审慎的财务决策，为组织资产的短期和长期价值做出贡献。

6.4.2 以诚信引领业务分析的价值

以诚信引领业务分析能够激发他人对业务分析及业务分析从业人员工作的信任和信心。大胆而透明的领导方式有助于完善对偏见的认识，并使业务分析从业人员及他人能够接纳多样化的观点。当解决方案被考虑、定义、完善和实施时，干系人更加确信，关于解决方案的伦理问题，包括环境、可持续性、社会、文化和财务方面的考量，都已经被充分讨论过。

业务分析从业人员以诚信引领业务分析，有助于在组织中增强心理安全感，促进更有意义的和包容性的合作，以及提升组织整体业务分析的成熟度。

6.4.3 如何以诚信引领业务分析

一名以诚信方式引领工作的业务分析从业人员在与他人合作执行业务分析活动并交付产出物和成果时，会提出如下问题：

- 这项活动、产出物或成果是否以环保的方式执行或创建？
- 这项活动、产出物或成果是否最小化资源消耗，并最大化重复利用资源，或者循环利用资源？
- 这项活动、产出物或成果是否对人们的社会和文化生活产生了积极的支持作用，或者产生了有益或中立的影响？
- 这项活动、产出物或成果在财务上是否没有利益冲突，并且从长远和短期来看，对组织的财务状况有正面意义？

业务分析从业人员将在会议、访谈、研讨会上，以及在任何能够为答案做出贡献的人在场的情境中，公开向干系人提出这些问题。如果任何一个问题的答案是否定的，业务分析从业人员就会邀请干系人共同探索各种可能的选项，并与决策者就这些选项进行深入讨论，从而以诚信引领业务分析工作。

6.4.4 案例研究：以诚信引领业务分析

以诚信引领业务分析工作是乔治和拉尼作为业务分析从业人员开展一切工作的核心。他们在这方面的良好管理责任体现在以下几个方面：

- 在为两个项目采购原材料时，乔治和拉尼确认所使用的材料与公司对环境可持续性的承诺保持一致，并支持成为绿色家居行业全球领导者的目标。当供应商提供的材料与规划的目标不一致时，乔治和拉尼会迅速向项目经理和那些做出采购决策的人汇报。

- 商业问题背后的几个关键原因与房屋设计在文化上不适应当地大多数家庭使用家中空间的方式有关。乔治和拉尼安排了一位人类文化学家就当地文化进行讲解。这项学习安排为建筑和施工团队提供了修改房屋设计的见解,以便能够更好地吸引当地居民。实施设计变更后进行的调查显示,这些变更在激发人们对房屋的购买热情并最终产生销售方面影响极大。
- 拉尼曾经短暂地居住在正在进行房屋翻新和实施物联网改造项目的社区附近,因此她了解该地区的一些组织和个人。此外,她与一个组织的负责人有着良好的个人关系,这个组织正在考虑签订物联网项目的技术合同。拉尼确保她的主管、项目经理及该合同的采购专家都了解她与该组织的关系。

第7章

模型、方法和工件

本章为第2~6章的案例研究中涵盖的业务分析实践提供了大多数工具和技术的通用定义。这些工具和技术以独立的章节出现，这是因为它们是通用的，并且可能在整个项目、项目组合或项目集中被重复使用。这些工具和技术最大的特点之一是一个工具的输出可能是另一个工具的输入。在实践中引用工具为工具的应用提供了背景，但这并不是说工具只能用于某个特定的实践场景，或者实践中只能使用某个特定的工具或技术。

PMIstandards+™ 是项目管理协会提供的在线图书馆，内容丰富。在研究这些工具及其他可选工具时，它可以作为一个有用的参考资料库。

7.1 概述

本节定义了使用工具来支持本实践指南中介绍的实践指导。这些指导通过信息图表的形式呈现，帮助业务分析从业人员快速吸收和应用信息。每个信息图表都回答了以下三个问题：

- **这个工具或技术是什么？** 这部分提供了该工具或技术的高层级描述，解答了"这个工具或技术是什么"的问题，并包含应用场景的说明，以帮助理解"何时"使用它。

- **这个工具或技术为何重要？** 这部分阐述了使用该工具或技术的理由，解释了"为什么要使用它"，并阐述了该工具或技术的目的、用途和价值。

- **怎样使用这个工具或技术？** 这部分描述了如何使用该工具或技术，包括适当的步骤。有些工具或技术可能附上一个视觉模型或图表以辅助说明。

7.2 工具和技术列表

工具和技术按字母顺序排列：

- 验收标准（Acceptance criteria）

- 亲和图（Affinity diagram）

- 脑力写作（Brain writing）

- 业务规则（Business rules）

- 购买特性（Buy-a-feature）

- 能力表（Capability table）

- 可行性分析（Feasibility analysis）

- "5 Why"法（Five whys）

- 焦点小组（Focus group）

- 力场分析（Force field analysis）

- 关键绩效指标（Key performance indicators）

- MoSCoW模型（MoSCoW）

- 洋葱图（Onion diagram）

- 人物画像（Persona）

- 产品树（Product tree）

- 准备就绪评估（Readiness assessment）

- 实质选择权（Real options）

- 需求跟踪矩阵（Requirements traceability matrix）

- 干系人参与度评估矩阵（Stakeholder engagement assessment matrix）

- 故事地图（Story mapping）

- 调查（Survey）

- 调查数据分析（Survey data analysis）

- 线框图（Wireframe）

7.2.1 验收标准

7.2.1.1 什么是验收标准

验收标准是一套定义好的条件；必须满足这些条件，用户故事中记录的可交付物或特性才能被接受。验收标准通常是为每个可交付物和/或用户故事编写的，并确定所描述的特性是否满足用户需求。它是需求文档的一种形式。通常，验收标准是在开发团队开始处理可交付物之前编写的，以便团队能够清楚地理解一个项目或特性要达到令人满意的完成状态所需的具体条件，并能够编写与创建与该项目或特性相关的任务。

7.2.1.2 验收标准为何重要

通常，验收标准用于确定可交付物或特性是否已被开发完成并"可被接受"。测试团队使用验收标准来验证特性或可交付物是否能够按照预期工作。以一种能够引导测试团队了解特性的方式来编写验收标准，有助于确保可交付物或特性已准备好用于生产环境，并消除未来可能出现的问题。

7.2.1.3 怎样使用验收标准

在开始处理可交付物或用户故事之前，业务分析从业人员应确保至少已经编写了一个验收标准。如果一个可交付物有超过三个验收标准，团队可能需要考虑将该可交付物或用户故事拆分成两个或更多的部分，以帮助团队尽可能快速且有效地实现该特性。验收标准必须是可独立测试的，并且应专注于最终产品或增量。开发团队成员与产品负责人和业务分析从业人员合作编写验收标准。验收标准应该用易于理解的语言编写，避免使用专业技术术语。团队的任何成员都应该能够查阅验收标准，并清楚地知道在交付时，可交付物或特性需要满足什么条件才能被接受。

有时会与验收标准混淆的一个概念是完成定义（DoD）。DoD确定了必须满足的所有解决方案增量方面的标准，包括完成所有公司文档、回归测试、安全验证和生产支持准备情境。也就是说，DoD适用于整个产品增量，而验收标准则特定地适用于一个可交付物、用户故事或特性。

验收标准示例如图7-1所示。

可交付物：提交表单
验收标准
☐ 当点击保存按钮时，如果缺少必填项，表单将亮起红灯。
☐ 表单提交后，会产生一个通知，告知用户表单提交是否成功或是否存在错误。

图7-1 验收标准示例

7.2.2 亲和图

7.2.2.1 什么是亲和图

亲和图是亲和映射的结果，亲和映射是一种将大量创意进行组织或归类、分组的方法。映射过程帮助团队在归纳过程中整理原始的、未经加工和筛选的创意，并将其划分为不同的类别。

当团队需要排序和整理他们关于一个主题的创意时，就可以使用亲和映射过程。对创意进行归类、分组是一种小组的集体活动，参与者共同发现大量创意的相同主题，以及它们之间的相似之处和差异。

7.2.2.2 亲和图为何重要

亲和图和亲和映射练习使团队在面对大量看似无关的创意时，即便难以确定下一步的行动，也能做出反应或有所行动。亲和图通常在头脑风暴会议之后使用。此时，参与者已经产生了大量的创意，并且很难看出它们之间的联系。

如果在头脑风暴会议之后没有绘制亲和图，团队就无法识别出能够引导他们针对问题或创意制订建设性解决方案的模式或主题。亲和图的绘制有助于阐明创意之间的联系，使团队能够对提出的众多创意进行战略性回应。

7.2.2.3 怎样使用亲和图

当由领域专家团队执行并由熟悉该主题的引导者引导时，亲和图往往更加高效。图7-2（1）是一个亲和图示例。在图 7-2（2）中列出的每个步骤都可以采取不同的方法完成。例如，为亲和图提供输入的创意时（步骤2：生成创意），可以通过任何形式的头脑风暴或创意生成练习来产生创意。目前，有许多工具可以以虚拟方式绘制亲和图。

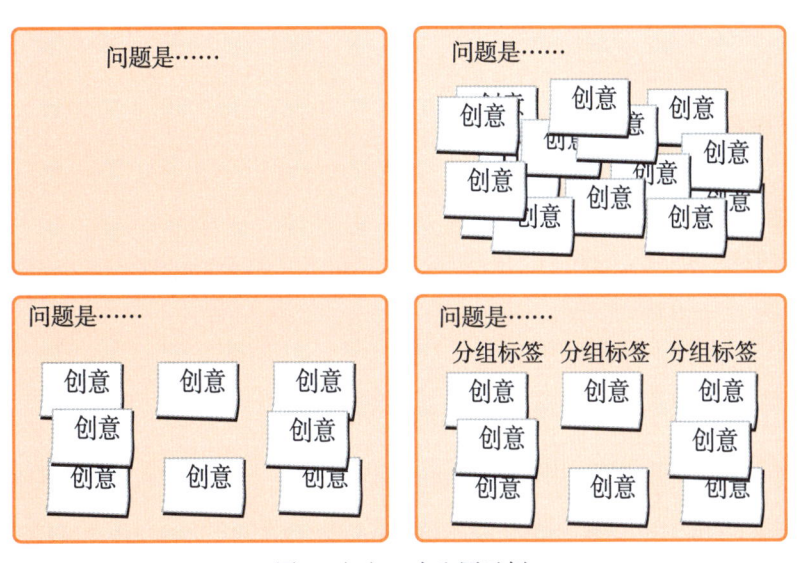

图7-2（1） 亲和图示例

1 介绍主题	向团队介绍主题。例如，主题可能是一个需要解决的问题，或者需要明确的问题。向全体团队成员公布该主题。
2 生成创意	先决定参与者是各自单独工作、以小组方式协作还是全体共同工作。请参与者针对主题提出见解或意见。例如，他们可能提出解决问题的潜在方案，或者需要考虑的问题的各个方面。在这一步中，请用头脑风暴的规则，即这是产生创意的时候，而不是评估创意的时候。
3 收集创意	逐一向每位参与者收集所有生成的创意。确保每个人都清楚理解所有创意。把所有创意随机放置在白板上。在这一步中，创意在白板上的位置并不重要。
4 归类创意	参与者开始在白板上移动创意，将它们归类为具有相似性或与其他创意关联的创意群组。在参与者分享各自的观点时，创意可能在不同的群组间转移。为了促进每个人的平等参与，这一步可以在不进行讨论的情况下完成。
5 命名群组	当创意移动结束，所有创意都被归入相应的群组后，团队为每个群组选定一个名称标签。命名完成之后，团队能更清晰地看到如何应对问题，或者识别出有助于理解情境的分组类别。

图7-2（2） 亲和图步骤

7.2.3 脑力写作

7.2.3.1 什么是脑力写作

脑力写作是一种在团队环境中用于头脑风暴或分享创意和思考的方法。与参与者口头表达想法的传统头脑风暴不同，脑力写作要求参与者先各自独立地写下自己的创意。然后，这些独立产生的创意会被收集起来，并以匿名的方式分享。

7.2.3.2 脑力写作为何重要

传统的头脑风暴是一种快速激发众多创意的有效方法。但是，那些在群体中不愿意口头表达想法的人的意见往往被忽视；而那些敢于表达自己见解的人可能主导整个讨论。因此，让每位参与者都有机会独立写下自己的创意，然后以匿名方式分享，可以确保考虑每个人的想法，从而产生更多样化的创意和更优的结果。

7.2.3.3 怎样使用脑力写作

脑力写作可以通过多种方式进行。通常，脑力写作的初始阶段在静默中完成，以确保创意生成阶段无需言语交流。为了保持专注，可以为会议的各个阶段设定时间限制。典型的脑力写作会议包括以下步骤：

1.明确提出问题或目标，并向所有人公布。

2. 每位参与者根据提出的问题或目标，独立产生自己的创意和见解。

3. 时间到了或参与者完成后，他们将自己的创意传递给其他人，再由其他人对此进行补充。

4. 创意在团队成员间传递，确保每个人都有机会对所有产生的创意做出贡献。

5. 经过一轮传递后，收集并共享所有创意。

7.2.4 业务规则

7.2.4.1 什么是业务规则

业务规则阐述了限制组织运作方式的政策、标准或规章。它们描述了组织对于其运作方式做出的决策。这些规则的例子包括某项任务的估算方法、折扣的适用方式、任务处理的顺序或限制条件。

业务规则可能适用于一个特定项目、部门，甚至整个组织，并且它们必须是可被关注的、用商业语言书写的，如果不遵守则会产生相应的后果。这些规则与系统无关，它们定义了组织无论使用何种系统和技术都应遵循的运作方式。

7.2.4.2 业务规则为何重要

识别业务规则对于业务分析至关重要，因为解决方案需求必须与这些规则保持一致。例如，假设有这样一条业务规则：所有银行员工都能在贷款利率上获得0.025%的优惠。如果是这样，就必须定义解决方案需求以执行该规则。尽管所有组织都有业务规则，但它们通常没有形成文档。业务分析从业人员在启发需求时，需要保持对业务规则的关注，以确保需求能够支持指导组织运作的业务规则。

7.2.4.3 怎样使用业务规则

可以通过多种方式记录和引用业务规则。例如，如果目前尚不存在现成的业务规则，则可以创建一个业务规则目录。可以在需求跟踪矩阵中引用规则，以展示需求是如何支持这些规则的。在适应型环境中，业务规则可能被添加到产品待办事项列表中，或者出现在某个可见的地方，并包含在用户故事的详细描述中。

业务规则的示例如图7-3所示。

食谱盒				
规则编号	规则标题	规则说明	规则分类（事实、计算、约束、其他）	参考
BR01	食谱电子邮件订阅	食谱电子邮件只会发送给已经选择订阅且拥有有效电子邮件地址的客户	约束	请参阅公司电子邮件政策
BR02	食谱电子邮件中不含个人身份信息	食谱电子邮件中不会包含任何个人身份识别信息	约束	请参阅公司电子邮件政策
BR03	库存中的配料	当超过 10% 的商店对于任何配料的补货状态超过 24 小时时，将不会发送新的食谱	计算	将使用库存报告系统

图7-3　业务规则示例

7.2.5　购买特性

7.2.5.1　什么是购买特性

购买特性是一种简单而有效的协作游戏，旨在帮助人们决定他们希望某个产品具备哪些特性。这个协作游戏在开始时给参与者分配一定数量的虚拟货币，然后对每个特性设定一个价格，接下来让参与者根据自己的预算选择想要购买的特性。这种方法可以揭示不同特性在参与者心中的价值和优先级。

7.2.5.2　购买特性为何重要

购买特性是一种优先级排序方法，可以帮助面临复杂特性"愿望清单"和有限开发资源的产品团队。这种活动可以帮助干系人更清晰地认识到资源的有限性，特别是那些期望一步到位、一应俱全的干系人，从而更合理地分配和利用有限的开发资源。

7.2.5.3　怎样使用购买特性

购买特性协作游戏有几种组织和促进的方法，以下是基本步骤：

1. 准备需要进行优先级排序的功能列表。与干系人一起列出所有需要优先排序的关键功能。
2. 为这些功能设定价格。这一步可以采取两种不同的策略。

　　A. 根据开发的实际成本、时间和资源为每个功能"定价"。强烈推荐进行谈判，以获得有价值的见解。

B. 如果难以定价，则可以让参与者根据自己收到的虚拟货币，随意将虚拟货币分配给各个功能，虚拟货币分配最多的功能确定具有最高优先级。

3. **为参与者分配预算，并让他们开始"购物"。**一旦选定了参与者并解释了列表上的功能，就给每位参与者一定数量的虚拟货币，并让他们开始"购物"。

4. **从参与者的讨论、谈判和购买中观察并学习。**在这个阶段，产品团队可以洞察小组的优先级和需求。他们的讨论和协作努力将揭示产品的哪些方面被认为是最重要的，以及背后的原因。

5. **审查并讨论决策。**参与者用完所有虚拟货币后，集体讨论他们的购买决策。

7.2.6 能力表

7.2.6.1 什么是能力表

能力表用于分析当前或未来状态下的组织能力。该模型能够直观地展示现有问题、问题的根本原因，以及为应对问题或机会而提出的新能力或特性。

7.2.6.2 能力表为何重要

能力表可用于描绘一种情境、情境的根本原因及现有能力之间的联系，还能展示解决特定问题或抓住机会并达到未来状态所需的功能或能力。要将从现状分析中得到的信息与从对未来状态的讨论中得到的信息关联起来时，能力表是一个很好的选择。

能力表是一种有益的工具，用于映射根本原因分析的结果，这些结果可以在因果图中表示。因此，它适合用在根本原因分析之后。通过映射，所有干系人都能全面了解情境，并在讨论中识别出与解决问题或把握机会相关的现有或必要的能力与特性。

能力表在定义解决方案组件时能够提供不同的视角，这有助于确保每个组件都能有针对性地解决问题或机会的根本原因。

7.2.6.3 怎样使用能力表

表7-1展示了一种可能的能力表结构。

表7-1 能力表示例

问题/当前限制	根本原因	当前能力	新的或未来所需能力	填补差距的组件/可交付物
问题	• 第一个根本原因	• 当前能力 • 当前能力	• 新的能力 • 新的能力	• 新的可交付物 • 新的可交付物
	• 第二个根本原因	• 当前能力 • 当前能力	• 新的能力 • 新的能力	• 新的可交付物 • 新的可交付物
	• 第三个根本原因	• 当前能力 • 当前能力	• 新的能力 • 新的能力	• 新的可交付物 • 新的可交付物

7.2.7 可行性分析

7.2.7.1 什么是可行性分析

可行性分析是指对提出的解决方案从不同角度进行深入分析。这一分析基于多种因素，有助于确保提出的解决方案选项是可行的，并且能够成功实施。

7.2.7.2 可行性分析为何重要

可行性分析在业务分析中起着关键作用，能够帮助我们避免犯成本高昂的错误，并确保解决方案长期有效。可行性分析包括初步的风险评估，即对提出的解决方案进行预先研究，以确定其是否可行，并协助决策者决定是否应该推进该解决方案。

7.2.7.3 怎样使用可行性分析

组织可能要求将可行性分析的结果以正式文件的形式记录在经过批准的模板中，但所遵循的正式程度取决于组织的标准。在进行可行性分析时应考虑以下常见要素。

- **制约因素**：正在考虑中的选项的任何约束。
- **假设**：所有未经证实但被假定为真实、实际或确定的因素。
- **产品风险**：可能对解决方案的成功交付产生正面或负面影响的不确定事件或条件。
- **依赖性**：解决方案成功实施所依赖的任何关系。
- **文化**：作为事业环境因素，可能对业务分析工作和实施解决方案的成功产生影响。
- **运营可行性**：提出的解决方案在多大程度上满足特定情境下的操作需要和要求，包括可持续性、可维护性、可支持性和可靠性等因素。
- **技术可行性**：评估组织中现有技术对潜在解决方案的支持程度，并在这些技术不足时，探讨获取和运用所需技术的可行性。

- **时间可行性**：确定提出的解决方案能否在组织所需的时间框架内交付。
- **成本收益可行性**：考虑到财务收益和成本，对潜在的项目组合组件、项目集或项目的高层级经济可行性进行分析。
- **价值**：解决方案选项将为组织带来的商业价值，包括价值随时间变化的讨论。
- **确认**：对解决方案能满足客户和其他已识别干系人需求的保证。每个选项都需要不同程度的努力，以确认其与业务目标的一致性。

7.2.8 "5 Why"法

7.2.8.1 什么是"5 Why"法

"5 Why"法是一种通过连续提问"为什么"来识别问题或事件潜在根本原因的方法。它是精益六西格玛方法的一部分，以其简洁性而闻名。

虽然称为"5 Why"法，但并不意味着必须恰好问5次"为什么"。实际提问的次数可能少于或多于5次。"5"更多地象征着对根本原因的深度追求，而非具体提问的次数。

通常，一个问题有多个根本原因。记录这些原因可能既复杂又烦琐。如果问题的根本原因较为复杂，团队就可能混淆不同原因之间的关联。因此，"5 Why"法常与鱼骨图（也称石川图）结合使用，以帮助清晰地追踪和展示问题的根本原因。

7.2.8.2 "5 Why"法为何重要

业务分析从业人员可能在访谈或团队讨论的情境中运用"5 Why"法，以识别问题的根本原因或澄清商业问题，确保在探索解决方案之前解决了正确的问题。这有助于揭示从根源到结果的路径。当与鱼骨图一起使用时，它还可以帮助展示目前正在调查的根本原因之间的关系。

7.2.8.3 怎样使用"5 Why"法

在使用"5 Why"法时，请注意以下几点。

- 这种方法受限于团队成员的知识水平。
- 一个常见的挑战是需要避免团队只关注问题的表象，而忽视了真正的根本原因。
- 需要注意，分析的结果可能不具有可重复性，因为不同的团队可能为同一个问题找到不同的根本原因。
- 如果不结合鱼骨图一起使用，就可能片面地将问题归结于一个孤立的、单一的根本原因。

"5 Why"法包括以下关键要素。

- 与团队一起撰写问题陈述，并确保所有人都对其达成共识。

- 利用便利贴、纸张或虚拟白板记录问题和根本原因，以保持过程的连续性。

- 不要过早下结论（不要跳过问题层级）。当有人对一个"为什么"问题提出一个原因时，要确保其确实是直接的原因。记住，可能存在多个原因。

- 确认某事项是一个原因的好方法是反向验证问题：

    □ 因为没有进行维护，所以皮带在使用寿命结束时没有更换。

    □ 皮带在使用寿命结束时没有更换，说明它已经太旧了。

    □ 皮带太旧了，因此它断裂了……

- 确保依据事实和知识，而非凭空猜测。

- 评估问题，而非评估人。也就是说，不要只关注问题的表象，即那些显而易见的因素。

- 要记住，人为失误、疏忽等因素并不是问题的根本原因。

- 在提"为什么"的问题时要小心谨慎。尝试采用不同的提问方式来探究原因，避免直接问"为什么"，因为这可能引起人们的抵触。

7.2.8.4　"5 Why"法示例

1. 问题

美国华盛顿特区的杰斐逊纪念堂因反复清洗而磨损严重，需要频繁地重新粉刷。这种维护不仅成本高昂，还影响了游客的参观体验。

2. 解决方案

"5 Why"法帮助找出了问题的根本原因，并提出了一个有效的解决方案（见图7-4）：在黄昏后，当虫子不活跃的时候开灯。通过稍微推迟点亮纪念堂的时间，虫子不再蜂拥而至，鸟类的排泄物也相应减少，油漆也不再因为频繁清洗而迅速变质。通过确定并解决根本原因，团队节省了大量劳动力、油漆和能源成本。这是因为不再需要那么频繁地重新粉刷，而且更多的游客能够在纪念堂没有被清洁或粉刷时欣赏到它。

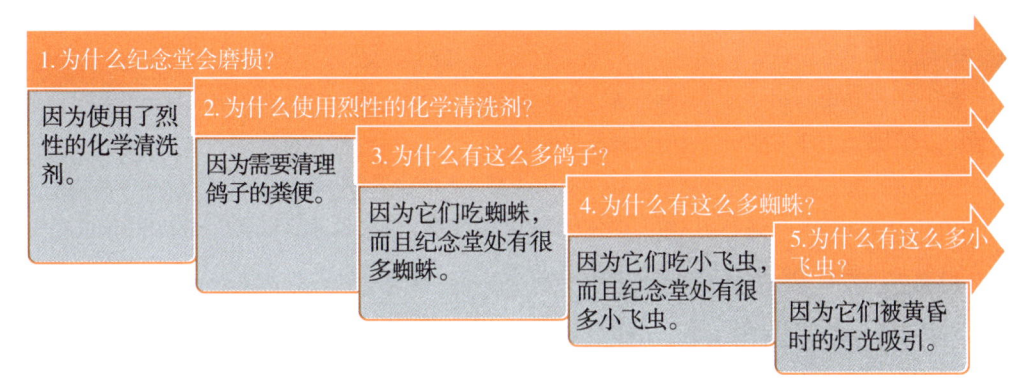

```
1. 为什么纪念堂会磨损?
因为使用了烈性的化学清洗剂。

2. 为什么使用烈性的化学清洗剂?
因为需要清理鸽子的粪便。

3. 为什么有这么多鸽子?
因为它们吃蜘蛛,而且纪念堂处有很多蜘蛛。

4. 为什么有这么多蜘蛛?
因为它们吃小飞虫,而且纪念堂处有很多小飞虫。

5. 为什么有这么多小飞虫?
因为它们被黄昏时的灯光吸引。
```

图7-4 "5 Why"法示例

7.2.9 焦点小组

7.2.9.1 什么是焦点小组

焦点小组是一种定性研究方法,小组成员聚集在一起,就特定产品、服务或主题进行讨论并提供反馈。小组通常由一位引导者领导,他提出开放式问题并鼓励参与者之间进行讨论。焦点小组的目标是以多样化的视角收集详细的见解和意见,这些见解和意见随后可以用来指导决策或进一步的研究。

7.2.9.2 焦点小组为何重要

焦点小组是挖掘干系人知识、评估产品设计选项的有效技术。其核心目的在于捕捉参与者对建议的解决方案、服务或成果的期望与态度。通过专业人员的引导,焦点小组确保团队积极互动、自由交流创意,并充分收集没有偏见的反馈意见。

成功的焦点小组提供的成果对于产品决策过程至关重要。焦点小组成员应是多元的,他们为产品目标提供了不同背景和经验层次的客观见解和反馈。

7.2.9.3 怎样使用焦点小组

焦点小组可以提供多维度的反馈信息,这些信息将构成未来深入分析的基础。表7-2详细列出了反馈信息的多种应用方式。分析的关键在于洞察反馈的核心要点,并探索如何有效利用这些反馈来指导实践。

表7-2 焦点小组反馈信息的应用方式

反馈信息的应用方式	释　义
洞察客户需求	焦点小组的核心宗旨在于深入挖掘客户的需求、偏好和行为模式。业务分析从业人员可借此洞察客户的内在需求,揭示提升产品、服务质量或客户体验的潜在机会

续表

反馈信息的应用方式	释　义
识别市场趋势	业务分析从业人员能够通过焦点小组的成果识别客户反馈信息的规律与趋势。这将帮助组织改进其重点领域，并有效地配置资源
验证假设	焦点小组的反馈信息是验证组织对客户或市场的假设的重要工具。以新产品推出为例，焦点小组能够提供关键见解，评估产品是否真正契合客户需求，以及是否存在可能的市场障碍
完善策略	焦点小组的反馈信息能够帮助业务分析从业人员对现有商业策略进行调整或构思创新的策略。通过深入洞察客户的需求与偏好，组织能够调整其策略，更准确地满足客户期望，从而提升组织的整体业务绩效

7.2.10　力场分析

7.2.10.1　什么是力场分析

力场分析是一种用于识别和分析那些可能影响决策、变革或项目力量的工具。力场分析基于一个核心理念：任何变革或决策都会受到驱动力量和约束力量的双重影响，驱动力量推动变革，约束力量则可能阻碍变革。

在进行力场分析时，业务分析从业人员先要明确正在考虑的具体变革或决策，然后列出那些可能对变革或决策产生影响的驱动力量和约束力量。这些力量可能源自组织内部，如政策、过程或资源，也可能来自外部环境，如市场状况、竞争对手或法规要求。这样的分析有助于更全面地理解变革背后的动力和阻力，为决策提供有力支持。

7.2.10.2　力场分析为何重要

在识别了驱动力量与约束力量之后，业务分析从业人员就能够评估它们各自的影响力，并判断驱动力量是否足以压倒约束力量。业务分析从业人员还可以识别能够增强驱动力量或削弱约束力量的策略与行动方案。

力场分析作为一种强有力的工具，有助于洞察可能对变革或决策产生影响的诸多因素，并有助于制定应对策略，以解决或克服所面临的挑战和障碍。它广泛应用于项目管理、商业策划及组织变革等多个领域。

7.2.10.3　怎样使用力场分析

启动力场分析的步骤如下。

1. **识别问题或变革举措**：识别需要改进的业务过程、产品或待实现的目标。
2. **组建合适的团队**：汇集与问题或变革举措密切相关的干系人，并确保团队成员具有多元化的视角和专业知识。

3. **梳理当前状态**：收集有关当前情境的信息，包括影响问题或变革举措的所有驱动力量与约束力量。可以通过问卷调查、人员访谈和数据分析等方法获取信息。

4. **评估力量强弱**：根据每种力量对问题或变革举措的影响，评估其强度或权重。可以将总体驱动力量与总体约束力量进行比较，以确定变革的净接受度。这有助于确定努力的方向，以得到期望的结果。

5. **制订行动计划**：根据力量的评估结果制订具体的行动计划，旨在减弱约束力量并增强驱动力量。明确计划的每个步骤、时间节点和团队成员的责任。

遵循上述步骤，业务分析从业人员可以有效地启动力场分析，深入理解问题或变革举措的核心，识别并平衡各种力量，从而制订行动计划以得到期望的结果。

图7-5是一个力场分析示例。

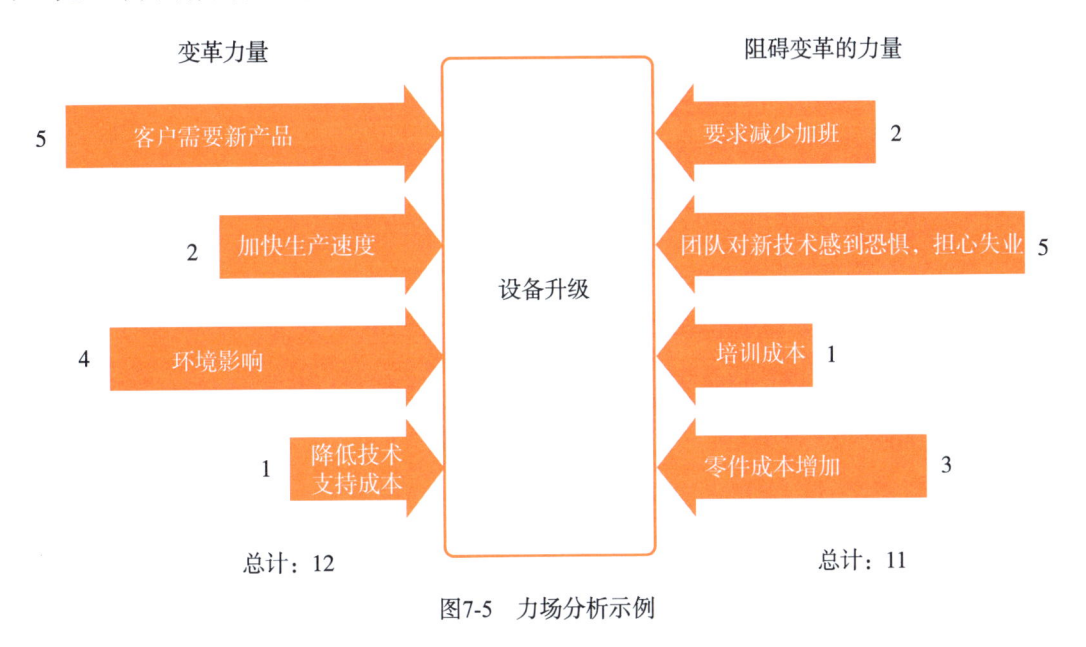

图7-5 力场分析示例

7.2.11 关键绩效指标

7.2.11.1 什么是关键绩效指标

度量标准是一套用于跟踪和评估系统、过程或活动表现的量化指标。它们在业务分析中发挥着至关重要的作用，帮助组织测量和评价商业过程和活动的效率。并非所有度量标准都被视为关键绩效指标，但当某个度量标准被认定为对于达成特定业务目标至关重要，并用于测量实现这些目标的进展时，它便成为关键绩效指标。通过监控关键绩效指标，组织能够保持对目标的专注，并做出基于数据的决策，这将为组织带来更佳的成果和更大的成功。

7.2.11.2 关键绩效指标为何重要

通常，业务分析从业人员通过关注关键绩效指标以识别组织表现未达到预期的具体领域，并制订有针对性的计划以缩小差距。这样的方法使得组织能够将其工作和资源集中于最关键的领域，并确保朝着总体目标稳步前进。同时，关键绩效指标也被用来评价解决方案的有效性。

7.2.11.3 怎样使用关键绩效指标

简言之，关键绩效指标为我们提供了一种明确且可量化的方法，用来评价绩效并识别可改进的空间。这在执行差距分析和制订计划以填补绩效缺口或评价解决方案的有效性时极为关键。

组织需要审慎决定哪些度量标准最关键，哪些能够最准确地反映绩效。识别关键绩效指标的技巧如表7-3所示。

表7-3 识别关键绩效指标的技巧

KPI应该……	KPI不应该……	KPI示例
与商业价值链的特定环节紧密相关	随意而武断地根据"因为我们可以做"来选取	投资回报率
提供洞察业务绩效的重要方面的具体度量标准	是复杂的度量标准，因为这样可能存在多种解释	
是对业务过程绩效的客观评价标准	是目标或目的（尽管KPI将需求和解决方案与组织的目标和目的联系起来）	同比增长
能够与历史数据相比较，以展示进展	频繁变更，以至于组织无法追踪进展	平均订单价值
有助于干系人和部门间的协作	令其他团队难以理解	购物车放弃率
专注于测量业务绩效的核心要素	是模糊或庞杂的度量指标集合，它们在测量绩效的准确度和有效性方面参差不齐	净推荐值

7.2.12 MoSCoW 模型

7.2.12.1 什么是MoSCoW模型

MoSCoW模型是一种优先级排序技术，是"Must have"（必须有）、"Should have"（应该有）、"Could have"（可以有）和"Won't have"（不会有）的缩写。

业务分析从业人员可以使用MoSCoW模型来确定需求、特性和功能的优先级，并选择最有价值的选项，以便提供适当的资源来开发和实现目标。MoSCoW模型可以用于预测型、混合型和适应型项目环境。

7.2.12.2　MoSCoW模型为何重要

业务分析从业人员可以在与干系人发生交流互动的各种情境下使用MoSCoW模型，包括会议、访谈、焦点小组，以及其他正式或非正式的场合。

某些优先级排序技术并不能充分激发参与者之间的讨论，从而影响决策的质量。例如，在采用"高-中-低"的分类方式进行优先级排序时，许多选项可能被不恰当地归为"高"优先级。然而，MoSCoW模型提供了一种更为有效的途径，帮助业务分析从业人员引导参与者进行开放且深入的讨论，进而达成共识。

7.2.12.3　怎样使用MoSCoW模型

MoSCoW模型是一种广泛使用的技术，团队在使用它进行优先级排序时，应当对其含义有一定的共识。M、S、C和W通常代表以下含义。

- **必须有（Must have）**：需求或功能必须完全实现，否则无法达成业务目标，产品也将不被接受。任何被归类为"必须有"的选项都是成功的关键，必须确保资源的可用性，保证其得以实施。

- **应该有（Should have）**：这些选项对业务目标或最终产品很重要。如果无法实现，解决方案或产品可能不完美，但是最终产品仍将是可接受的。在完成"必须有"的选项后，如果资源允许，团队可以考虑实现这些选项。

- **可以有（Could have）**：这些选项是较为次要的特性，即使不包含它们，对产品的影响也是有限的。它们被视为"有则更好"的选项。在"必须有"和"应该有"的选项完成后，团队可以考虑实现这些选项。

- **不会有（Won't have）**：被归类为"不会有"的选项将不会被纳入考虑。尽管它们可能很重要，但由于资源或成本的限制，它们可能被排除在外。明确"不会有"的特性对团队来说至关重要。因此，需要帮助团队理解这些特性"不会有"指的是"永远不会有"，还是"目前阶段不会有"。这种明确的界定有助于团队成员将精力集中在前三种选项上。

图7-6是一个MoSCoW模型示例。

必须有	应该有
• 不可偷工减料 • 没有商量余地 • 没有它，解决方案就不可行	• 重要但不关键 • 如果缺少它，需要有替代方案 • 没有它，解决方案仍然可行
可以有	不会有
• 理想但非必需 • 可选特性 • 有则更好	• 不相关的功能 • 没有实际影响 • 超出预算 • 目前阶段不会有或根本不会有

图7-6　MoSCoW模型示例

7.2.13　洋葱图

7.2.13.1　什么是洋葱图

洋葱图是一种在任何举措中进行干系人分析的强大工具。洋葱图之所以得名，是因为它就像具有多层结构的洋葱一样，直观地反映了一项举措涉及的多个参与层次。

7.2.13.2　洋葱图为何重要

通过使用洋葱图分析干系人，业务分析从业人员可以识别出不同层级的干系人，并制定有针对性的策略，与他们进行有效沟通和互动。这有助于确保项目与干系人的需求和期望保持一致，并提高项目成功的可能性。

7.2.13.3　怎样使用洋葱图

洋葱图通常被划分为四个层次，以直观地呈现干系人与举措之间的关系。如果有必要，还可以额外增加一个核心层来识别举措本身。

第一层：执行项目或创建产品的团队（项目团队成员）。

第二层：将直接被新的举措或产品所带来的变化影响的团队或个人。例如，即将采用新解决方案的团队。

第三层：与第二层人员定期互动的团队或个人。这一层可能包括执行发起人或其他可能受到变化间接影响的部门。

第四层：任何可能直接影响需求，或者将被举措或产品所带来的变化影响的外部干系人。例如，政府机构、监管机构、客户或供应商。

创建洋葱图的最佳方法是从图的中心开始逐层确定（见图7-7）。最内层代表直接参与举措的团队成员。业务分析从业人员在逐层分析时，应仔细考虑每个层次可能受到影响的干系人及影响程度。

在创建初步草图后，业务分析从业人员应在进一步进行干系人参与和需求规划之前对信息进行核实。

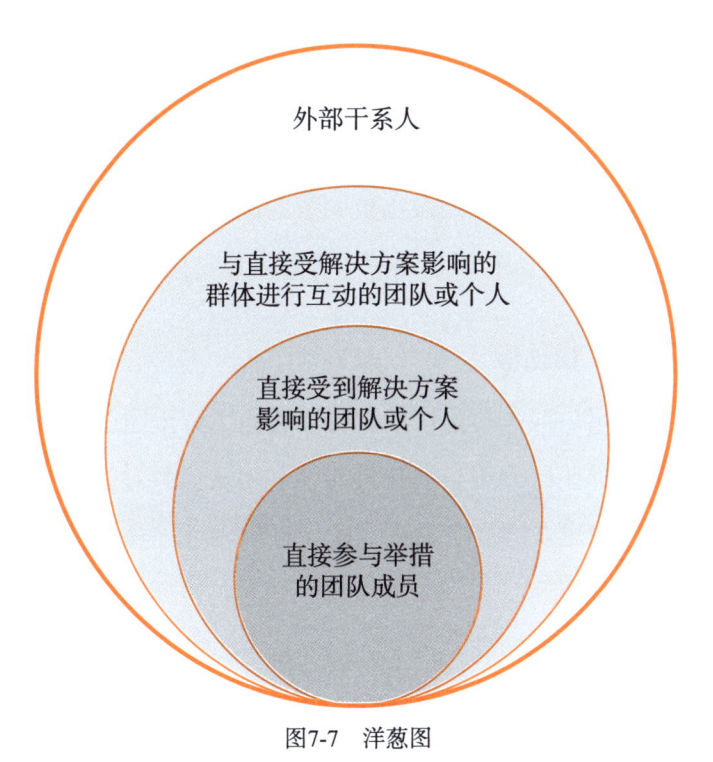

图7-7　洋葱图

7.2.14　人物画像

7.2.14.1　什么是人物画像

人物是一个虚构角色，代表了一个特定的用户群体或干系人细分群体。作为解决方案的典型用户，人物描绘了那些将与解决方案互动的人的类型，涵盖了他们的目标、行为模式、动机、所处环境、人口统计特征及技能水平。

通过赋予团队一个具体的"某人"，而非仅仅抽象地讨论"用户"，人物画像能够激发团队的共鸣和同理心。人物画像技术通过构建观点、情感联系及现实世界中的实例，帮助团队更深入地理解和贴近用户的需求和体验。

7.2.14.2　人物画像为何重要

人物画像有助于更好地理解客户，从而指导解决方案的开发、产品设计和市场决策。业务分析从业人员可以运用以下多种方式使用人物画像，指导解决方案的开发：

1. 确定功能的优先级。

2. 以用户为中心的设计。

3. 进行测试和验证。

4. 增强客户共情。

5. 促进跨部门的协作。

在将共情融入人物画像的过程中,团队能够获得既准确又贴近实际,真实反映客户需求和视角的结果。通过理解并与之共情,团队能做出更明智的决策,以满足客户需求,进而打造出更优质的产品,提供更佳的客户体验。人物画像是深入理解客户、使客户满意的关键工具。

7.2.14.3 怎样使用人物画像

人物画像因其所代表的用户群体的独特性而各不相同,每个团队都会根据自己对用户特征的理解来塑造人物画像,突出那些区分用户的独特属性、团队认为对于典型用户至关重要的要素,以及最能帮助团队与用户画像建立情感联系的因素。图7-8展示了一个豪华版产品购买者的人物画像示例。

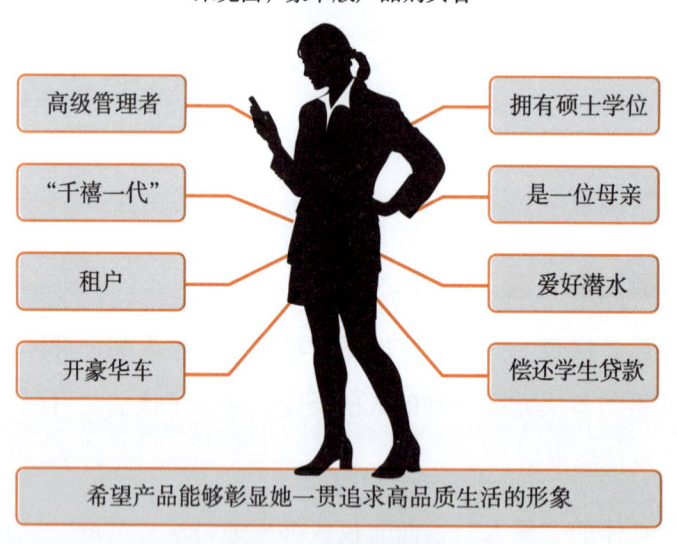

莱克茜,豪华版产品购买者

- 高级管理者
- "千禧一代"
- 租户
- 开豪华车
- 拥有硕士学位
- 是一位母亲
- 爱好潜水
- 偿还学生贷款
- 希望产品能够彰显她一贯追求高品质生活的形象

图7-8 人物画像示例

7.2.15 产品树

7.2.15.1 什么是产品树

产品树是一种可视化工具,帮助干系人在需求(树干)的基础上构想产品的主要功能(树枝)。产品树的根基和主干代表支撑产品主要功能(树枝)及潜在功能扩展(树叶)的技术基础和基础设施。产品树的树枝是正在构建的产品主要功能。树叶代表即将引入的功能增强或新特性。产品树中还可以添加的其他元素包括果实和种子。果实可能象征投资回报，而树周围地面上的种子可能代表被降低优先级的事项。

7.2.15.2 产品树为何重要

产品树是在与干系人的头脑风暴和研讨会中使用的一种工具，帮助团队构想产品的发展轨迹，以及任何提出的新特性。它有助于团队对特性请求进行排序，管理干系人的反馈，并揭示之前不为人知的需求。产品树是一种充满乐趣、促进团队协作的方法，用来整理和确定客户及其他干系人向团队提出的众多请求和创意的优先级。

7.2.15.3 怎样使用产品树

每位团队成员都有机会为产品树添加特性。在团队集体讨论的环境中，成员可以使用便利贴在产品树上标注特性。相似的特性可以围绕主枝或子枝进行归纳或分组。随着团队对每种特性的深入讨论，这些特性在产品树上的位置可以调整，以帮助确定特性的优先级。

产品树的底部、靠近树干的位置应放置最优先考虑的特性。那些距离树干较远的特性可能被延后处理；或者如果最终确定不再是优先事项，则可能被"修剪"。在修剪和确定优先级的过程中，可以提出以下问题：

- 是否有的主枝过于繁重或缺少特性？
- 是否有的特性需要进一步研究？
- 根基（基础设施）是否足够坚实，足以支撑主枝（特性）？
- 对于支撑主枝至关重要的需求是否存在缺失？

产品树的使用促进了团队成员之间的互动和协作，使他们能够共同构建产品的发展蓝图。通过这种方式，团队能够清晰地识别和优先处理关键特性，同时淘汰那些不符合当前战略方向的特性。

产品树示例如图7-9所示。

7.2.16 准备就绪评估

7.2.16.1 什么是准备就绪评估

准备就绪评估是指为了评估组织是否准备好将解决方案过渡到维护和运营阶段和/或生产环境而进行的评估活动。准备就绪评估的评估过程有助于对组织在各个方面的准备情况进行全面而深入的分析。

图7-9　产品树示例

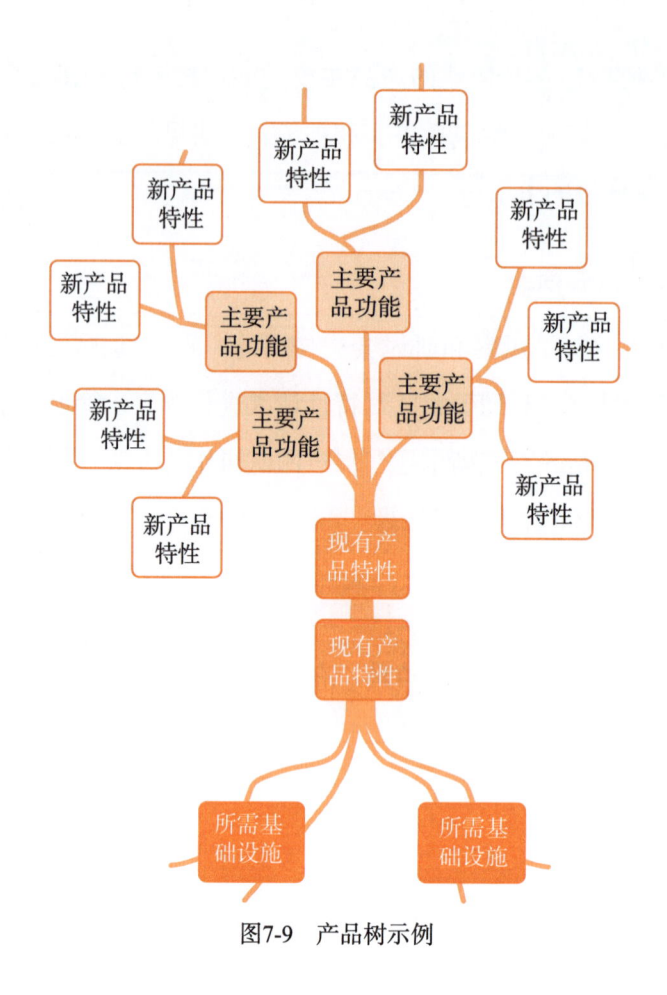

7.2.16.2　准备就绪评估为何重要

准备就绪评估旨在确定组织过渡到将来状态或运用解决方案能力的能力与意愿。通过评估，组织可以识别出可能妨碍组织达成目标的准备不足之处，并制定相应的风险应对策略。

业务分析从业人员可能进行多次准备就绪评估，以确保组织在各个方面都已做好了充分准备。这些反复的迭代评估过程确保组织、团队、过程、系统和产品均已为解决方案的过渡和运营做好了充分准备。

7.2.16.3　怎样使用准备就绪评估

准备就绪评估可能以报告的形式提供准备就绪评估的结果；或者以准备就绪评估清单的形式，通过逐一核对并勾选各项准备就绪的特征，指出哪些过渡要素仍需进一步注意和改进。每次过渡都有其独特之处，这些独特之处往往与特定产品或正在评估准备状态的组织息息相关。准备就绪评估还有以下一些通用方面，适用于所有组织或行业内的所有组织。

- **人员准备就绪。** 团队成员是否已准备好迎接新的解决方案？他们是否已经接受了相应的培训？他们能否按要求与解决方案进行有效互动？

- **数据准备就绪**。数据是否已经通过内部验证，或者由任何必要的第三方验证？
- **生产环境准备就绪**。必要的硬件和/或软件是否已经安装，并且准备好支持解决方案？是否已经进行了适当的测试？技术安全问题是否得到了妥善解决？
- **过渡和生产支持准备就绪**。运营和支持团队是否已经准备好解答疑问并提供必要的支持？是否已经记录了可能需要的发布说明和替代方案？是否制订了确保衔接的应急计划和程序？
- **文化准备就绪**。组织文化是否支持变革，使员工保持开放态度，准备好应对挑战和障碍？是否有倡导者参与并帮助干系人看到变革的益处？

7.2.17 实质选择权

7.2.17.1 什么是实质选择权

实质选择权是一种应对不确定性和风险的决策思维过程。这是一种简单而强大的方法，通过理解并应对人们对不确定性的心理影响，帮助个人及组织做出更明智的决策。实质选择权作为一种技术手段，指导团队确定决策的最佳时机，而非决策的具体内容或原因。实质选择权的思维包含以下要点。

- 决策不必立即做出，但决策者应清楚地知道做出决策的最后期限。
- 决策者应尽可能长时间地保留尽可能多的可行选项。
- 决策者应积极收集信息，尽可能深刻地理解各个选项，直到必须做出决策的时刻。
- 决策者只在必要时或有充分理由时才做出承诺。

7.2.17.2 实质选择权为何重要

在决策过程的后期，决策者了解得更多，掌握的信息也更多，这使他们能够更加有效地应对不确定性问题。

当推迟决策时，决策者能够更好地管理风险；他们可以耐心等待并观察事态发展。如果有多个选项可供选择，决策者就能够选择在风险出现时最能妥善应对风险的那个选项。

7.2.17.3 怎样使用实质选择权

按照以下步骤，运用实质选择权进行实践。

1. 针对每个决策，识别出所有可能的选项。

2. 确定可以做出决策的最后时刻，即做出承诺必须满足的条件（决策时间意味着选项实施的截止期限）。第一个决策是在第一个选项到期之前做出的。

3. 在到期日之前，决策者可以继续寻找新的选项，并优化现有选项或延长现有选项的决策时间。

4. 对于每个条件或情境都识别更多的选项，并提前确定在特定条件（情境）下应执行的选项。

5. 尝试推迟决策时间。这通常是无需成本或成本极低的。为此，决策者应确保能够尽快实施选项。寻找加速决策的方法。

6. 需要认识到，成本优化与收入优化或风险缓解是不同的策略。有时，即使可能需要额外成本，投资于多个选项也是明智的选择。毕竟，选项本身是具有潜在价值的。

7. 耐心等待决策时机的到来……等待……直到所有条件成熟。

8. 当决策者必须做出承诺并采取行动时，应迅速而果断。然后他们可以自信地继续前进；因为他们已经做出了在当前条件和情境下的可能的最佳决策。

实质选择权如图7-10所示。

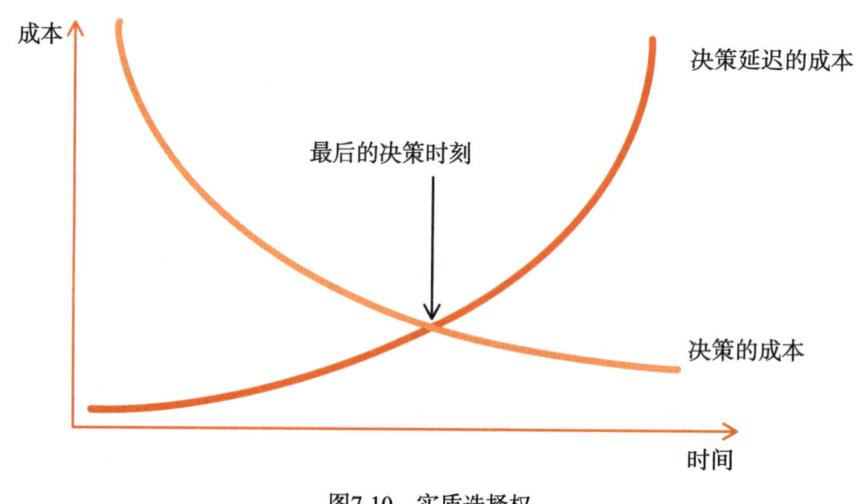

图7-10 实质选择权

7.2.18 需求跟踪矩阵

7.2.18.1 什么是需求跟踪矩阵

需求跟踪矩阵也称追溯矩阵或覆盖矩阵，用于明确解决方案需求与衍生的业务需求和干系人需求之间的双向联系，以及满足解决方案需求的可交付物，其中还包括与其他解决方案需求的关联。

矩阵的表格中对每个需求都进行了简明扼要的描述，包含定义其核心信息的事实或属性。它还可能涵盖与需求相关的可交付物、工件、业务规则、模型及解决方案信息的其他要素。尽管需求跟踪矩阵通常应用于预测型环境，但在适应型环境中也可采用其简化版本。在某些组织中，需求跟踪矩阵本身甚至被视为主要的需求文档。

7.2.18.2 需求跟踪矩阵为何重要

需求跟踪矩阵通过将解决方案需求与业务需求、业务目标和目的、项目目标和目的相关联，确保每个解决方案需求都能增加价值并符合项目范围。通过将解决方案需求跟踪至干系人的需求，需求跟踪矩阵有助于确保这些需求能够满足干系人的期望。需求跟踪矩阵的使用还包括以下原因。

- 降低遗漏需求的可能性。
- 确保在项目或举措结束时能够交付所有经过批准的需求。
- 通过展示需求之间的依赖关系，帮助管理需求变更。
- 提供对需求变更及变更对相关可交付物影响的可见性。
- 当需求跟踪矩阵包含产品开发阶段或项目阶段时，它可能成为发布计划中的一项宝贵资产。

需求跟踪矩阵作为一种关键工具，确保解决方案需求与业务目标和项目目标保持一致，同时满足干系人的期望，从而增加项目成功的可能性。通过明确需求之间的关联关系，需求跟踪矩阵成为管理需求变更和评估变更影响的有力工具，为需求变更提供了清晰的管理路径。此外，需求跟踪矩阵在发布计划中也发挥着重要作用，有助于确定产品开发或项目阶段的优先级和时间安排。

7.2.18.3 怎样使用需求跟踪矩阵

业务分析工具或任何类型的电子表格应用程序都可以用来创建需求跟踪矩阵。通过在需求跟踪矩阵中创建指向文档和其他元素的链接，即使是简单的电子表格也可以增强其实用性。是否使用需求跟踪矩阵及要跟踪哪些信息是在规划阶段决定的，这取决于项目类型、团队和干系人的需求、业务分析规划的详细程度、可能施加跟踪要求的管理考量，以及其他规划考虑。跟踪的收益需要与创建、维护和使用需求跟踪矩阵所花费的时间成本进行权衡。业务分析从业人员应该有目的地选择能够为团队和可能使用需求跟踪矩阵中信息的干系人提供价值的需求属性（特征）和元素。需求跟踪矩阵中常见的属性示例如下。

- 需求ID（一个不变的唯一标识符）
- 简短描述
- 目标

- 业务目标/目的
- 项目目标/目的
- 产品开发阶段或项目阶段
- 工作分解结构（WBS）（在WBS中识别的可交付物的交叉引用）
- 状态（如活跃、已批准、已推迟、已取消、已新增）
- 纳入的理由（为什么需求很重要，必须被纳入）
- 优先级（需求的重要性）
- 负责人（谁负责实施）
- 来源（需求来自何处）
- 编写者（谁撰写了需求）
- 版本
- 完成日期
- 稳定性（变更的可能性）
- 复杂性
- 验收标准

图7-11是一个需求跟踪矩阵示例。

7.2.19 干系人参与度评估矩阵

7.2.19.1 什么是干系人参与度评估矩阵

在规划干系人参与时，业务分析从业人员可以使用干系人参与度评估矩阵，比较干系人当前的参与度水平与期望的参与度水平。

7.2.19.2 干系人参与度评估矩阵为何重要

干系人参与度评估矩阵可以帮助评估在业务分析活动的不同阶段，不同干系人所需的参与度水平。一旦干系人在参与度评估矩阵中被定位，业务分析从业人员就可以确定存在哪些差距，并决定采取哪些措施来弥补这些差距。

7.2.19.3 怎样使用干系人参与度评估矩阵

干系人参与度评估矩阵为每位干系人提供了以下分类：

需求跟踪矩阵

项目名称: ABC 订单管理系统
项目描述: ABC订单管理系统的开发

业务需求说明	干系人需求	功能需求	功能需求说明	目标 业务目标(BO) 项目目标(PO)	测试用例(TC)编号	业务规则	MoSCoW排序	状态 活跃(AC) 已批准(AP) 已推迟(DE) 已取消(CA) 已新增(AD)	来源
BR001: 更改订单系统	SR03	FR03.001	更新库存	BO1, BO4 PO1, PO2	TC.011 TC.012	库存必须在下订单时更新（业务规则20）	M	AP	物流经理——访谈 03/16/20××
		FR03.002	更改地址	BO2, PO2	TC.014	—	M	AD	物流经理 - 访谈 03/25/20××
	SR05	FR05.008	显示成本变化	BO2, PO1	TC.023 TC.024	—	S	AC	会计经理——访谈 02/22/20××
BR002: 客户变更系统	SR10	FR10.021	添加多个缺失地址	BO5, PO1	TC.39	客户最多可能拥有4个邮寄地址（业务规则44）	C	DE	销售团队——研讨会 03/02/20××

图7-11 需求跟踪矩阵示例

- 不了解
- 抵触
- 中立
- 支持
- 领导

当前状态用"C"标识，期望状态用"D"标识。也可以额外添加一列，显示干系人的权力和兴趣。

业务分析从业人员使用一系列要素来分析和确定干系人的参与度水平，如干系人的需求、兴趣，以及对评估领域的影响力。

干系人参与度评估矩阵应该在整个业务分析活动中使用。随着参与度水平的变化，业务分析从业人员可以将干系人在矩阵中的当前状态移动到适当的列。如果差距发生变化，特别是差距变大，业务分析从业人员就应该重新评估导致差距的可能原因，以及他们与干系人的沟通是否有效。

表7-4是一个干系人参与度评估矩阵示例。

表7-4　干系人参与度评估矩阵示例

干系人	不了解	抵触	中立	支持	领导
干系人 1		C		D	
干系人 2	C		D		
干系人 3				C/D	
干系人 4					C/D
干系人 5			C		D
干系人 6			C	D	

7.2.20　故事地图

7.2.20.1　什么是故事地图

故事地图（也称用户故事地图）是由杰夫·巴顿（Jeff Patton）开发的一种工具，为产品待办事项列表提供了一个"宏观"的背景视角。故事地图将用户的活动按照用户实际操作的顺序在水平轴上排列，以此为产品待办事项列表增加了一个维度。然后，根据优先级和对于用户实现目标的关键性，将这些活动中派生出的次级任务和故事，按照从上到下的顺序沿垂直轴进行排序。

7.2.20.2　故事地图为何重要

故事地图为如何使用产品提供了一个完整的视角。然而，包含大量用户故事的产品待办事项列表是"平面化"的，因缺乏完整视角，往往容易迷失。故事地图同时是发现用户故事的一种方法：从用户的行为开始，将这些活动分解为较低级别的任务，最终形成用户故事。

故事地图有助于避免典型的"二维"产品待办事项列表可能出现的增量交付风险。例如，一些用户故事可能被排在待办事项列表的顶部，但如果单独发布它们，可能无法实现其价值，因为只有当它们与列表中优先级较低的故事结合在一起时，其价值才能显现。也就是说，待办事项列表顶部的故事可能具有最高优先级，但考虑到用户使用产品的实际方式，将它们发布可能并没有意义，也不合理。

7.2.20.3 怎样使用故事地图

故事地图由以下几个要素构成。

- **用户角色**：故事地图描述了某个类型的用户为了达成目标而进行的活动的故事。这些角色在地图顶部被明确标识。
- **主干**：具有较高目标层级的活动和任务构成了故事地图的主干，并按照叙事流程顺序排列。这些活动类似于史诗——包含许多步骤的大型故事。
- **叙事流程**：故事地图上的水平轴代表时间线。活动和任务按照用户执行的顺序，从左至右进行布局，形成连贯的叙事。
- **用户任务**：在主干上进一步分解的活动，以简洁的动词短语进行表述。用户任务是故事地图的基本元素。用户任务可以成为很好的用户故事标题，并且创建故事地图的过程有助于发现新的用户故事。用户任务可以包括子任务、替代任务、异常情境或其他细节。
- **交付/发布切片**：能够让用户实现目标的最小数量的任务集合（以及相关联的用户故事），构成了每个发布版本的最基本功能，通常称为最小可行产品（Minimum Viable Product，MVP）。额外的切片则定义了可能包含在后续发布中的功能的分组。

故事地图的层次划分在不同实践者之间有所差异。许多实践者倾向于将故事地图分为以下三层。

- **主干**：故事地图的顶层。它概述了系统所需的基本能力。主干通常包括高级别的特性或史诗。
- **行走骨架**：位于主干下方。当主干中的史诗被分解时，骨架中的故事便显现出来——这些故事构成了产品最低限度的功能，因此通常统称为最小可行产品。行走骨架是一整套端到端功能，用户需要这些功能才能接受解决方案或认为其具有功能性。
- **用户故事**：在行走骨架下方还有更多的用户故事，它们根据优先级沿着垂直轴从上至下进行排序。这些用户故事与主干中的史诗相对应，并将在未来发布的版本中为用户提供较低优先级的功能。

在确定了故事地图的层次后,可以绘制水平线来识别发布版本。这些水平线可以根据功能优先级和开发团队的能力来划分和分组功能模块。

故事地图的层次如图7-12所示。

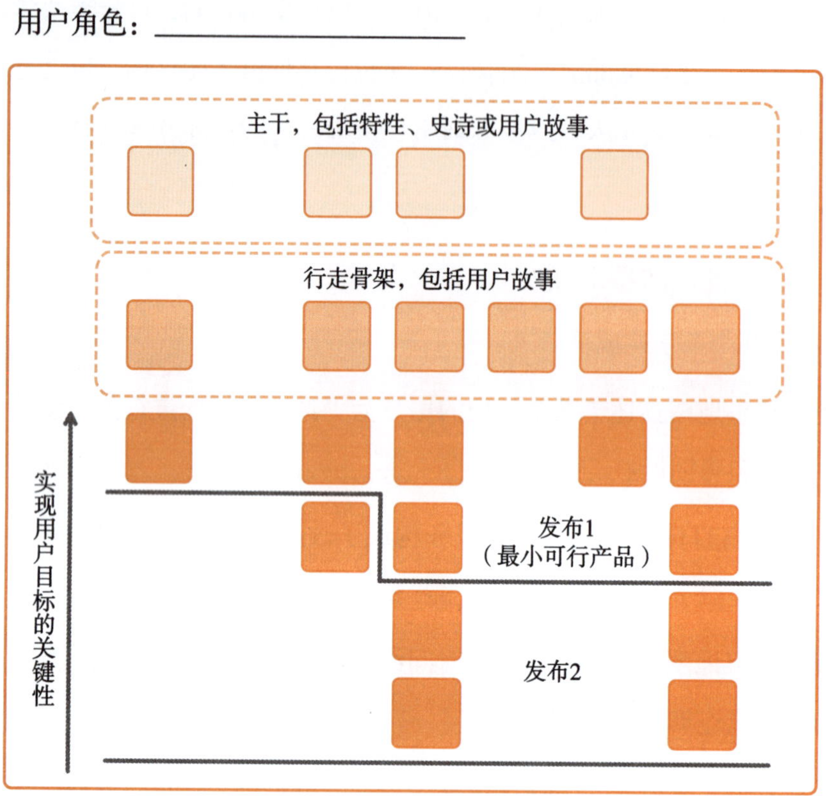

图7-12 故事地图的层次

7.2.21 调查

7.2.21.1 什么是调查

调查是一种收集信息的方法,通过一系列精心设计的问题迅速从众多受访者那里汇总信息,旨在整体理解人群的特征。受访者代表不同的人群,并且通常分布在广泛的地理区域。调查是重要的数据和洞察力来源。

7.2.21.2 调查为何重要

调查能够在较短的时间内,以较低的成本,从大量人群中收集丰富的信息。当确保信息保密时,参与者往往更愿意在调查中分享那些他们在面对面的访谈中可能不愿意透露的信息。

7.2.21.3 怎样使用调查

调查通常采用以下四种常见的方式。

- 面对面调查
- 电话调查
- 自行填写的纸质问卷
- 自行填写的计算机调查（通常为在线调查）

在设计调查问卷时，请考虑以下建议。

- **明确目标**。在未事先规划目标和预期结果的情境下，调查是没有意义的。
- **控制问题数量**。市场研究中所需问题的数量应根据研究的最终目的来确定；重要的是尽量避免提出多余的问题。
- **使用简单语言**。如果问卷使用的语言对受访者来说难以理解，则可能导致受访者中途退出。
- **选择恰当的问题类型**。调查可以包括多种类型的问题，应选择那些既能最大限度地帮助研究，又易于受访者理解和回答的问题。问题的表述通常是封闭式的，但也可以适时使用一些开放式问题。
  - 封闭式问题。这类问题提供有限的答案选项，如"是"或"否"。这类有限选择的问题更容易进行量化和分析。
  - 开放式问题。受访者可以自由地以任何方式回答问题，不受限制。开放式问题虽然能比封闭式问题提供更丰富的信息，但分析起来更为困难和耗时。
- **量表一致性**。如果使用带有评分量表的问题，请确保整个研究中的量表保持一致。
- **逻辑连贯性**。逻辑是问卷设计中至关重要的一环。如果逻辑出现问题，受访者就可能无法顺畅作答或按照预期的路径作答。

7.2.22 调查数据分析

7.2.22.1 什么是调查数据分析

调查数据分析是将调查收集的原始数据转化为有价值的见解和答案的过程，这些见解和答案有助于组织改进和优化其业务。它是开展基于调查的研究工作的核心环节。

7.2.22.2 调查数据分析为何重要

分析调查数据往往是一项被低估的技能。正确理解消费者意图传达的信息，对于组织的市场策略、信息传播及新产品和服务的开发具有深远影响，这种影响可能持续数年。因此，准确分析数据至关重要。

分析失误可能对组织产生灾难性的影响。组织可能推出不适宜的产品，发布冒犯性的广告，或者错误地定位潜在客户群体。所有这些问题的根源都可能是调查数据分析的失败。

7.2.22.3 怎样使用调查数据分析

分析调查数据时需采取的具体步骤如下。

- 总体审视调查结果。
- 确定受访者的人口统计特征。
- 对比对不同问题的回答，以识别矛盾之处。
- 在分层数据中寻找特定数据点之间的联系或相关性。
- 将新数据与历史数据对比，寻找变化趋势。
- 始终保持批判性思维。

需避免的常见错误如下。

- 急于解读调查结果，过早下结论。
- 将相关性误认为因果关系。
- 忽视或遗漏定性的自然语言数据中的细微差别。

7.2.23 线框图

7.2.23.1 什么是线框图

在业务分析领域，线框图是一种关键工具，用于确保项目团队和业务干系人在系统设计初期就与需求保持一致。线框图是一种低保真度的界面绘图，展示了用户界面的关键元素及预期的布局结构。通过引导用户浏览应用程序的不同界面，线框图还揭示了系统的操作逻辑和流程。

7.2.23.2 线框图为何重要

设计线框图时，关键在于保持简洁。业务分析从业人员设计线框图的时间不应过长。线框图应完整地展示所有关键需求和细节，但不必过于复杂或精致。例如，如果应用程序中需要添加图像，可以添加一个框来指示此处将放置图像，而无须添加实际的图像。

7.2.23.3 怎样使用线框图

业务分析从业人员在收集需求并开始理解应用程序可能的形态和界面设计时，可以开始在线框图样本中勾勒出细节。这些线框图将用于与干系人和项目团队的讨论，以确保每个人都有共同的理解。在讨论过程中，干系人可能要求在设计上做一些小改动，或者注意到缺少了某个需求。同时，开发团队能够讨论这些需求是否可行，或者是否需要添加其他部分来满足干系人的期望。

图7-13是一个线框图示例。

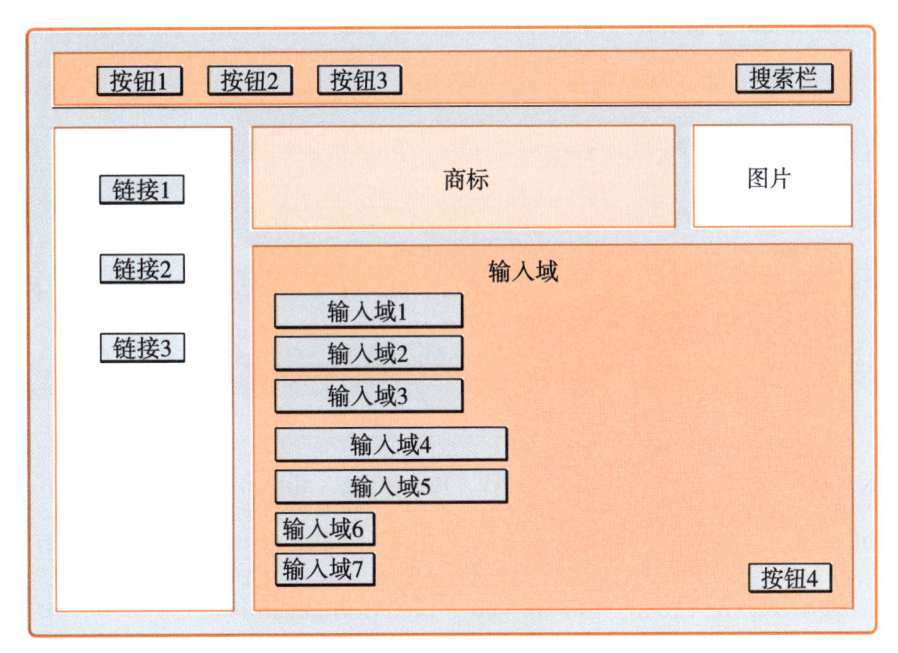

图7-13 线框图示例

7.3 附加资源

除了本实践指南中提及的工具和技术，您还可以在PMIstandards+®这一动态平台上找到关于业务分析活动的更多指导，这个平台是PMI的配套资源。访问该平台需要具备PMI会员资格或订阅相应的服务。

参考文献

［1］Project Management Institute. (2017). *The PMI guide to business analysis*. Author.

［2］Project Management Institute. (2017, September). *Business analysis: Leading organizations to better outcomes*. Author.

［3］Taylor, P. (2023, May 2). *Digital transformation – statistics & facts*. Statista.

［4］BrainStation. (2023). Are *business analysts in high demand?* BrainStation.

［5］Coate, P. (2021, January 25). *Remote work before, during, and after the pandemic*. NCCI.

［6］Upwork. (2020, December 15). *Upwork study finds 22% of American workforce will be remote by 2025*. [Press release].

［7］Straker, K., & Nusem, E. (2019, March). Designing value propositions: An exploration and extension of Sinek's "Golden Circle" model. *Journal of Design, Business & Society, 5*(1), 59.

［8］Morgan, P., & Liker, K. (2006). *The Toyota production development system: Integrating people, process, and technology*. Productivity Press.

附录X1
《业务分析：实践指南》（第2版）贡献者与审阅者

PMI向所有贡献者致以诚挚的感谢，并对他们在项目管理领域做出的卓越贡献表示认可。

X1.1 贡献者与审阅者

以下贡献者与审阅者参与了本指南的编写，并提供了宝贵意见。

加粗表示的人员是《业务分析实践指南》（第2版）开发团队的成员。列名于此并不代表他们对本指南最终的全部内容表示认可或背书。

Andrea Brockmeier, PMI-ACP, PMI-PBA, PMP，联合领导开发

David Davis, PMI-PBA, PMP, PgMP，联合领导开发

Rouzbeh Kotobzadeh, PMI-PBA, PMP, PfMP，主要内容开发人员

Kaisheng (Charles) Duan, DBA, PMI-PBA, PfMP

Amy Bretherick Gangl, MBA, CBAP, PMP

Louis-Charles Gauthier

Michelle Johnston, CAPM, PMP

Kerreen Andrea Wilson

Michael Adegbenro, PE, PMP

Michael Agbodzah, MC-AM, PMI-ACP, PMP

Nahlah Alyamani, PMI-ACP, PMP, PgMP

Hossein Ansari, PMI-PBA, PMP

Kenichiro Aratake, PMP

Ma. Loricar Arboleda

Sharaf Attas, PMI-RMP, PMP

Leonel I. P. Augusto

Casey Ayers, MBA, CBAP, PMP

Aleksander Binder

Ellie Braham, ATP, RIMS-CRMP, PMP

Andrew W. Burns Sr.

David Claassen, MAIPM, CPPP

Charlene L. Cornwell, CBAP, PMI-ACP, PMP

Syed Ahsan Mustaqeem, PE, PMP

Asaya Nakasone, PMP

Laura Lazzerini Neuwirth, AHPP, AgilePgM, PMP

Spencer Oklobdzija, PMP

B K Subramanya Prasad, CSM, PMP

Zulfiqar Ali Qaimkhani

Hossein Rahmatjou

P. Ravikumar, PMP, PgMP, PfMP

Arsalan Rejalizadeh

P. Seshan, PMI-ACP, PMI-RMP, PMP

Pronob Das

Murat Dengiz

Nedal Dudin, PMI-ACP, PMI-PBA, PMP

Gobi Durairaj, PMI-ACP, PMI-PBA, PMP

Amir Kamali Far, MSPM, PSM I, PMP

Jean-Luc Favrot, PMI-ACP, DASSM, PMP

Donna Fok, CISSP, PMP

Sheethal Francis, PMP

Pamela Goodhue

Lydia Goodner, PMP

Weibin Gu, PMI-ACP, PMI-RMP, PMP

Edward Hung, PMI-ACP, PMI-PBA, PMP

Syed Aafaq Hussain, PMI-PBA, PMP

Tony Jacob, CM-Lean, PMI-PBA, PMP

Rami Kaibni, CBAP, PgMP, PfMP

Rachel Keen, PMP

Henry Kondo, PMP, PgMP, PfMP

Aboozar Kordi

Cheryl Lee, CBAP, PMI-PBA, PMP

Lydia Liberio, MBA, PMP

Ramiro A. Sánchez López, PhD, PMP

Mahdi Moein, PMI-PBA, PMP, PfMP

Subrat Kumar Mishra

Iman Mohammadi

Chihiro Shimizu

Farshad Shirazi

Sam Stevenson, MPH, PMP

Tetsuya Tani, CBAP, PMP

Laurent Thomas, PMI-ACP, DASSM, PMP

Esteban Tissera

Qayamuddin Usmani

Ebenezer Uy, PMI-ACP, PMP

Hany Zahran

X1.2　PMI员工

特别感谢以下PMI员工。

Kristin Hodgson，CAE（认证协会执行官），CSPO（认证专业服务运营官）

Leah Huf

Christie McDevitt，APR（认证公共关系专家）

Kim Shinners

X1.3　《业务分析：实践指南》（第2版）中文版翻译贡献者

以下人员承担了《业务分析实践指南》（第2版）中文版的翻译工作。

于兆鹏，计算机、工商管理双硕士，PMP、PgMP、PfMP、PMI-ACP、PMI-PBA、NPDP、

ITIL Expert、P3O、CFRM、CGFC、CDGA、CDGP、DPBOK、ToGAF、IT4IT、MBA·

柯建杰，管理科学与工程博士，PMP、PMI-PBA、CBAP、MSP、Prince2、CPMP（1级）

塔广志，PMP、PMI-ACP、PMI-PBA、信息系统项目管理师

刘俊卿，管理学硕士、PMP、PMI-PBA

曾发明，工学硕士、PMP、PMI-PBA

程涛，PMP、PMI-ACP、PMI-PBA、Prince2、NPDP

感谢以下组织和人员为《业务分析：实践指南》（第2版）中文版做出的贡献。

傅永康博士（清晖项目管理）

刘晖

罗军

彭丽斯

徐薰

杨玉金（广东省项目管理学会）

术语表（英文排序）

Acceptance Criteria（验收标准）：可交付物通过验收前必须满足的一系列条件。在业务分析中，验收标准用于评估产品需求和解决方案。见可交付物和需求。

Adaptive Life Cycle（适应型生命周期）：迭代型或增量型项目生命周期。

Affinity Diagram（亲和图）：一种用来对大量创意进行分组，以便进一步审查和分析的技术。

Assumption（假设）：不需要验证即可视为正确、真实或确实的因素。

Benchmarking（标杆对照）：将实际或计划的实践（如过程和运营）与其他可比组织的实践进行对照，以便识别最佳实践，形成改进意见，并为测量绩效提供依据。

Benefits Realization Plan（收益实现计划）：实现计划收益所需活动的概要文件。确定了时间线及确保收益随时间得到充分实现所必需的工具和资源。

Brainstorming（头脑风暴）：在业务分析中，头脑风暴是一种在团队中实施，并由一名引导者带领干系人参与，以便在相对短的时间内快速识别出特定主题的创意清单的启发技术。

Business Analysis（业务分析）：支持与业务目标相匹配的解决方案的交付，并为组织提供持续价值而进行的一系列活动。

Business Analysis Practitioner（业务分析从业人员）：不论其职位名称，任何从事业务分析工作的个人。

Business Case（商业论证）：文档化的经济可行性研究报告，用来对项目组合组件、项目集或项目交付的收益进行有效性论证。

Business Need（业务需要）：基于已有的问题或机会使组织发生变化的推动力。业务需要为启动项目集或项目提供依据。

Business Objectives（业务目标）：对业务上力求实现的目的的可衡量描述。业务目标是具体的，并应与组织目标一致。

Business Rule（业务规则）：对组织想要如何运作的制约因素。这些制约因素一般通过数据和/或过程强制执行，并受业务管辖。业务规则需要得到解决方案需求的支持。

Business Value（商业价值）：这个概念对每个组织来说都是独一无二的，包括有形和无形的元素。在业务分析中，商业价值被视为以时间、金钱、货物或无形资产的形式交换某物的回报。

Capability（能力）：通过功能、过程、服务或其他专长，在组织中增加价值或实现目标的能力。

Competitive Analysis（竞争分析）：获取和分析组织外部环境信息的技术。

Constraint（制约因素）：限制管理项目、项目集、项目组合或过程的选择的因素。在业务分析中，制约因素是影响解决方案开发或实施的因素。

Cost-Benefit Analysis（成本收益分析）：用来对比项目提供的收益与其成本的财务分析工具。

Customer Journey Map（客户旅程图）：展示了客户在使用产品时经历的各个阶段及在过程中每个点的体验的图表。它有助于更深入地理解客户面临的挑战，以及客户何时和如何克服这些挑战。

Definition of Done，DoD（完成定义）：在一项工作被认为已充分开发并获得业务干系人接受之前，整个团队一致同意完成的一系列条件。完成定义通常包含在验收标准中，以使团队清楚地知道需要完成的工作的具体内容。

Deliverable（可交付物）：在某个过程、阶段或项目完成时，必须产出的任何独特并可核实的产品、成果或服务能力。

Disbenefit（负面收益）：一个或多个干系人认为其成果为负的可衡量结果。负面收益运用的活动和过程与收益管理运用的活动和过程相似。它们应该像收益一样被识别、分类、量化和测量。

Elicitation（启发）：从干系人和其他信息来源那里提取信息的活动，目的是进一步理解业务需求，解决问题或抓住机会，并确定干系人对这些需求的解决方案的偏好和条件。

Empathy Map（同理心图）：一种可视化工具，用于捕捉有关特定类型用户的信息。捕捉的信息通常包括用户所说、所想、所做和所感受的。

Enterprise Environmental Factors，EEFs（事业环境因素）：对项目、项目集或项目组合产生影响、限制或指导作用的团队不能直接控制的各种条件。

Epic（史诗）：规模庞大的用户故事，由于其复杂性或范围广泛，无法在单次迭代中完成构建。见用户故事。

Facilitated Workshops（引导式研讨会）：在业务分析中，引导式研讨会采用结构化的会议形式，由一名熟练且中立的引导师和一组经过精心挑选的干系人领导，以促进协作，并为实现既定目标开展工作。需求研讨会召集一组经过精心挑选的干系人，进行产品需求的协作、探索和评估。

Feasibility Analysis（可行性分析）：一种产出可能的建议以满足业务需要的研究。它通过以下一个或多个可变因素来检验可行性：操作性、技术/系统、成本收益和潜在解决方案的及时性。

Feature（特性）：通常由一个短语描述的一组相关需求。

Gap Analysis（差距分析）：一种用来了解当前能力与所需能力的差距的技术。填补差距是解决方案建议的组成部分。

Go Fever（急于求成）：在急于完成解决方案、项目或任务时的总体态度，忽视了潜在的问题或错误。

Go/No-Go Decision（继续/停止决策）：确定一项举措是否应该继续或停止的过程。这个过程通常涉及对该举措当前状态的分析。"继续"允许发布整个或部分解决方案。"停止"则推迟或不批准发布解决方案。

Implementation Approach（实施方法）：概述为实现解决方案而拟采取的步骤的计划。

Initiative（举措）：为抓住机会或解决问题而实施的项目或采取的行动。

Interview（访谈）：通过向个人或少数干系人群体提问并记录其回复，以正式或非正式的方式启发信息的方法。

Iteration（迭代）：产品或可交付物开发的时间框周期，在此周期中执行交付价值所需的所有工作。

Key Performance Indicators，KPIs（关键绩效指标）：由组织管理人员定义的指标，用于评估组织为实现其目的或目标而确定的指标或最终状态的进度。

Level of Impact（影响程度）：解决方案实施后对干系人的影响有多大。

Level of Influence（影响力水平）：影响产品或解决方案需求的能力。

Method（方法）：获得成果、产出、结果或项目可交付物的手段。

Model（模型）：信息的可视化表示，包括抽象和具体的信息。它在一系列指导原则下运作，以有效的方式高效地组织和传递大量信息。

Noncompliance（违规）：未能遵守特定的指导方针或治理框架执行。

Opportunity（机会）：在业务分析中，机会是指对产品或解决方案产生正面影响的不确定性。

Policy（政策）：组织采用的结构化的行动模式。组织政策可以解释为一套治理组织行为的基本原则。

Problem（问题）：组织内外部环境中对组织造成损害的领域，如收入损失、客户不满、新产品推出延迟或不遵守政府法规。

Procedure（程序）：获得稳定绩效或结果的既定方法，通常被描述为执行某个过程的一系列特定步骤。

Process（过程）：为了获得最终结果而进行的一系列系统性的活动，从而对一个或多个输入进行加工，产生一个或多个输出。

Process Flow（过程流）：一种业务分析模型，以可视化的方式展示了人类用户与解决方案在交互过程中执行的步骤。系统执行的一组步骤也可以在类似于系统流的模型中显示。

Process Model（过程模型）：过程的视觉表示。

Product Roadmap（产品路线图）：产品中包含的特性和功能的高层级视图，以及它们将被构建或交付的顺序。

Product Scope（产品范围）：定义产品、服务或成果的特性和功能。

Product Team（产品团队）：针对问题或机会制订解决方案的团队。

Product Vision（产品愿景）：对产品、目标客户及如何满足需求的解释。产品愿景的制定旨在帮助产品团队构想所需构建的产品。

Program Manager（项目集经理）：由执行组织授权领导团队或多个团队，负责实现项目集目标的个人。

Project Charter（项目章程）：由项目启动者或发起人发布的正式批准项目成立，并授权项目经理使用组织资源开展项目活动的文件。

Project Management Office，PMO（项目管理办公室）：对与项目相关的治理过程进行标准化，并促进资源、方法论、工具和技术共享的一种管理架构。

Project Manager，PM（项目经理）：由执行组织委派，领导团队实现项目目标的个人。

Readiness Assessment（准备就绪评估）：当组织即将部署解决方案时进行的评估。它帮助组织了解在多大程度上为过渡做好了准备，并评估组织整合和维持解决方案的准备情况。

Readiness Assessment Plan（准备就绪评估计划）：在评估组织准备就绪情况之前制订的计划，强调成功的过渡解决方案必须具备的基本要素。该计划应确定测量的内容和方式，以及评估准备就绪情况的角色和责任。

Regulation（法规）：政府机构的强制要求。该要求可确定产品、过程或服务的特征，包括具有政府强制合规性的相关管理规定。

Release（发布）：计划同时投入生产的一个或多个产品的一个或多个组件。

Repository（存储库）：存储内容的中心位置。

Requirement（需求）：为满足业务需要，某个产品、服务或成果必须达到的条件或具备的能力。

Risk（风险）：一旦发生，会对一个或多个项目目标产生积极或消极影响的不确定事件或条件。业务分析通过识别和分析影响业务分析活动和/或解决方案的风险来支持风险管理流程。

Risk Assessment（风险评估）：检查项目组合、项目或流程中的业务分析相关风险的过程。

Stakeholder（干系人）：在业务分析中，干系人是可能影响、正在被影响或尚未受到评估中的问题或机会影响的个人、群体或组织。

Standard（标准）：通常由组织建立的指导方针。

Technique（技术）：人们在执行活动以生产产品、取得成果或提供服务的过程中使用的经过定义的系统化程序，其中可能用到一种或多种工具。

Tool（工具）：在创造产品或成果的活动中使用的某种有形的东西，如模板或软件。

Traceability（可跟踪性）：通过在对象之间建立链接来跟踪产品生命周期中信息的能力。

Tracing（跟踪）：见可跟踪性。

Transition Plan（过渡计划）：定义从当前状态过渡到未来状态所需的活动。

Transition Strategy（过渡策略）：从当前状态过渡到未来状态所需开展活动的指导框架。

User Story（用户故事）：从参与者的角度对所需功能进行一两句话的描述。用户故事通常采用这样的形式："作为（参与者），我想要（功能），这样我就可以获得（收益）。"

Value Delivery Office, VDO（价值交付办公室）：一种项目交付支持结构，专注于指导团队，在整个组织内培养敏捷技能和能力，以及指导发起人和产品负责人在自己的角色中更有效地发挥作用。

Value Proposition（价值主张）：组织向其客户传达的产品或服务的价值，解释了其开展的工作的价值。

Value Stream Map（价值流图）：过程流的一种变体，可用于定位当前过程中出现的延迟、排队或交接。

术语表（中文排序）

标杆对照（Benchmarking）：将实际或计划的实践（如过程和运营）与其他可比组织的实践进行对照，以便识别最佳实践，形成改进意见，并为测量绩效提供依据。

标准（Standard）：通常由组织建立的指导方针。

差距分析（Gap Analysis）：一种用来了解当前能力与所需能力的差距的技术。填补差距是解决方案建议的组成部分。

产品范围（Product Scope）：定义产品、服务或成果的特性和功能。

产品路线图（Product Roadmap）：产品中包含的特性和功能的高层级视图，以及它们将被构建或交付的顺序。

产品团队（Product Team）：针对问题或机会制订解决方案的团队。

产品愿景（Product Vision）：对产品、目标客户及如何满足需求的解释。产品愿景的制定旨在帮助产品团队构想所需构建的产品。

成本收益分析（Cost-Benefit Analysis）：用来对比项目提供的收益与其成本的财务分析工具。

程序（Procedure）：获得稳定绩效或结果的既定方法，通常被描述为执行某个过程的一系列特定步骤。

存储库（Repository）：存储内容的中心位置。

迭代（Iteration）：产品或可交付物开发的时间框周期，在此周期中执行交付价值所需的所有工作。

发布（Release）：计划同时投入生产的一个或多个产品的一个或多个组件。

法规（Regulation）：政府机构的强制要求。该要求可确立产品、过程或服务的特征，包括具有政府强制合规性的相关管理规定。

方法（Method）：获得成果、产出、结果或项目可交付物的手段。

访谈（Interview）：通过向个人或少数干系人群体提问并记录其回复，以正式或非正式的方式启发信息的方法。

风险（Risk）：一旦发生，会对一个或多个项目目标产生积极或消极影响的不确定事件或条件。业务分析通过识别和分析影响业务分析活动和/或解决方案的风险来支持风险管理流程。

风险评估（Risk Assessment）：检查项目组合、项目或流程中的业务分析相关风险的过程。

负面收益（Disbenefit）：一个或多个干系人认为其成果为负的可衡量结果。负面收益运用的活动和过程与收益管理运用的活动和过程相似。它们应该像收益一样被识别、分类、量化和测量。

干系人（Stakeholder）：在业务分析中，干系人是可能影响、正在被影响或尚未受到评估中的问题或机会影响的个人、群体或组织。

跟踪（Tracing）：见可跟踪性。

工具（Tool）：在创造产品或成果的活动中使用的某种有形的东西，如模板或软件。

关键绩效指标（Key Performance Indicators，KPIs）：由组织管理人员定义的指标，用于评估组织为实现其目的或目标而确定的指标或最终状态的进度。

过程（Process）：为了获得最终结果而进行的一系列系统性的活动，从而对一个或多个输入进行加工，产生一个或多个输出。

过程流（Process Flow）：一种业务分析模型，以可视化的方式展示了人类用户与解决方案在交互过程中执行的步骤。系统执行的一组步骤也可以在类似于系统流的模型中显示。

过程模型（Process Model）：过程的视觉表示。

过渡策略（Transition Strategy）：从当前状态过渡到未来状态所需开展活动的指导框架。

过渡计划（Transition Plan）：定义从当前状态过渡到未来状态所需的活动。

机会（Opportunity）：在业务分析中，机会是指对产品或解决方案产生正面影响的不确定性。

急于求成（Go Fever）：在急于完成解决方案、项目或任务时的总体态度，忽视了潜在的问题或错误。

技术（Technique）：人们在执行活动以生产产品、取得成果或提供服务的过程中使用的经过定义的系统化程序，其中可能用到一种或多种工具。

继续/停止决策（Go/No-Go Decision）：确定一项举措是否应该继续或停止的过程。这个过程通常涉及对该举措当前状态的分析。"继续"允许发布整个或部分解决方案。"停止"则推迟或不批准发布解决方案。

假设（Assumption）：不需要验证即可视为正确、真实或确实的因素。

价值交付办公室（Value Delivery Office, VDO）：一种项目交付支持结构，专注于指导团队，在整个组织内培养敏捷技能和能力，以及指导发起人和产品负责人在自己的角色中更有效地发挥作用。

价值流图（Value Stream Map）：过程流的一种变体，可用于定位当前过程中出现的延迟、排队或交接。

价值主张（Value Proposition）：组织向其客户传达的产品或服务的价值，解释了其开展的工作的价值。

竞争分析（Competitive Analysis）：获取和分析组织外部环境信息的技术。

举措（Initiative）：为抓住机会或解决问题而实施的项目或采取的行动。

可跟踪性（Traceability）：通过在对象之间建立链接来跟踪产品生命周期中信息的能力。

可交付物（Deliverable）：在某个过程、阶段或项目完成时，必须产出的任何独特并可核实的产品、成果或服务能力。

可行性分析（Feasibility Analysis）：一种产出可能的建议以满足业务需要的研究。它通过以下一个或多个可变因素来检验可行性：操作性、技术/系统、成本收益和潜在解决方案的及时性。

客户旅程图（Customer Journey Map）：展示了客户在使用产品时经历的各个阶段及在过程中每个点的体验的图表。它有助于更深入地理解客户面临的挑战，以及客户何时和如何克服这些挑战。

模型（Model）：信息的可视化表示，包括抽象和具体的信息。它在一系列指导原则下运作，以有效的方式高效地组织和传递大量信息。

能力（Capability）：通过功能、过程、服务或其他专长，在组织中增加价值或实现目标的能力。

启发（Elicitation）：从干系人和其他信息来源那里提取信息的活动，目的是进一步理解业务需求，解决问题或抓住机会，并确定干系人对这些需求的解决方案的偏好和条件。

亲和图（Affinity Diagram）：一种用来对大量创意进行分组，以便进一步审查和分析的技术。

商业价值（Business Value）：这个概念对每个组织来说都是独一无二的，包括有形和无形的元素。在业务分析中，商业价值被视为以时间、金钱、货物或无形资产的形式交换某物的回报。

商业论证（Business Case）：文档化的经济可行性研究报告，用来对项目组合组件、项目集或项目交付的收益进行有效性论证。

实施方法（Implementation Approach）：概述为实现解决方案而拟采取的步骤的计划。

史诗（Epic）：规模庞大的用户故事，由于其复杂性或范围广泛，无法在单次迭代中完成构建。见用户故事。

事业环境因素（Enterprise Environmental Factors，EEFs）：对项目、项目集或项目组合产生影响、限制或指导作用的团队不能直接控制的各种条件。

适应型生命周期（Adaptive Life Cycle）：迭代型或增量型项目生命周期。

收益实现计划（Benefits Realization Plan）：实现计划收益所需活动的概要文件。确定了时间线及确保收益随时间得到充分实现所必需的工具和资源。

特性（Feature）：通常由一个短语描述的一组相关需求。

同理心图（Empathy Map）：一种可视化工具，用于捕捉有关特定类型用户的信息。捕捉的信息通常包括用户所说、所想、所做和所感受的。

头脑风暴（Brainstorming）：在业务分析中，头脑风暴是一种在团队中实施，并由一名引导者带领干系人参与，以便在相对短的时间内快速识别出特定主题的创意清单的启发技术。

完成定义（Definition of Done，DoD）：在一项工作被认为已充分开发并获得业务干系人接受之前，整个团队一致同意完成的一系列条件。完成定义通常包含在验收标准中，以使团队清楚地知道需要完成的工作的具体内容。

违规（Noncompliance）：未能遵守特定的指导方针或治理框架执行。

问题（Problem）：组织内外部环境中对组织造成损害的领域，如收入损失、客户不满、新产品推出延迟或不遵守政府法规。

项目管理办公室（Project Management Office，PMO）：对与项目相关的治理过程进行标准化，并促进资源、方法论、工具和技术共享的一种管理架构。

项目集经理（Program Manager）：由执行组织授权领导团队或多个团队，负责实现项目集目标的个人。

项目经理（Project Manager，PM）：由执行组织委派，领导团队实现项目目标的个人。

项目章程（Project Charter）：由项目启动者或发起人发布的正式批准项目成立，并授权项目经理使用组织资源开展项目活动的文件。

需求（Requirement）：为满足业务需要，某个产品、服务或成果必须达到的条件或具备的能力。

验收标准（Acceptance Criteria）：可交付物通过验收前必须满足的一系列条件。在业务分析中，验收标准用于评估产品需求和解决方案。见可交付物和需求。

业务分析（Business Analysis）：支持与业务目标相匹配的解决方案的交付，并为组织提供持续价值而进行的一系列活动。

业务分析从业人员（Business Analysis Practitioner）：不论其职位名称，任何从事业务分析工作的个人。

业务规则（Business Rule）：对组织想要如何运作的制约因素。这些制约因素一般通过数据和/或过程强制执行，并受业务管辖。业务规则需要得到解决方案需求的支持。

业务目标（Business Objectives）：对业务上力求实现的目的的可衡量描述。业务目标是具体的，并应与组织目标一致。

业务需要（Business Need）：基于已有的问题或机会使组织发生变化的推动力。业务需要为启动项目集或项目提供依据。

引导式研讨会（Facilitated Workshops）：在业务分析中，引导式研讨会采用结构化的会议形式，由一名熟练且中立的引导师和一组经过精心挑选的干系人领导，以促进协作，并为实现既定目标开展工作。需求研讨会召集一组经过精心挑选的干系人，进行产品需求的协作、探索和评估。

影响程度（Level of Impact）：解决方案实施后对干系人的影响有多大。

影响力水平（Level of Influence）：影响产品或解决方案需求的能力。

用户故事（User Story）：从参与者的角度对所需功能进行一两句话的描述。用户故事通常采用这样的形式："作为（参与者），我想要（功能），这样我就可以获得（收益）。"

政策（Policy）：组织采用的结构化的行动模式。组织政策可以解释为一套治理组织行为的基本原则。

制约因素（Constraint）：限制管理项目、项目集、项目组合或过程的选择的因素。在业务分析中，制约因素是影响解决方案开发或实施的因素。

准备就绪评估（Readiness Assessment）：当组织即将部署解决方案时进行的评估。它帮助组织了解在多大程度上为过渡做好了准备，并评估组织整合和维持解决方案的准备情况。

准备就绪评估计划（Readiness Assessment Plan）：在评估组织准备就绪情况之前制订的计划，强调成功的过渡解决方案必须具备的基本要素。该计划应确定测量的内容和方式，以及评估准备就绪情况的角色和责任。

索 引

A

验收标准，65，102，137，145

主动观察，56

适应型方法

    案例研究，1

    业务分析的演变，8-9

    理解治理，37-38

适应型生命周期，46-47，137，145

亲和图，24，29，103-104，137，144

亲和映射，103

分析

    定义，63

    建模中的分析，63，64

假设，137，143

B

产品待办事项，75

标杆对照，137，142

收益管理计划，33-34

收益实现计划，28，137，145

BO。见业务目标

头脑风暴

    与脑力写作的区别，104

    定义，137

    通过此方法启发解决方案信息，55

脑力写作，24，104

BRD。见业务需求文档

业务分析

    思维模式的特点，6-7

    定义，3，5，137，146

    演变，8-10

    介绍，1-10

    普遍应用，4-5

    价值主张，8

业务分析规划，35-49

    收益，35

    定义，2，35

    确定干系人参与方法，35，39-45

    启发信息，53

    引言，2，35

    规划业务分析工作，35，45-49

    理解业务分析治理，35-39

业务分析规划：见规划

业务分析从业人员，137，146

业务分析良好管理：见良好管理

商业论证

    组件，28

    定义解决方案，29

    定义，28，137，144

    组织目的和目标，18-19

业务影响，16

业务需要，137，146

业务目标（BO），33，137，146

业务需求，4

业务需求文档（BRD），72
业务规则，66-67，105，137，146
商业价值，137
商业价值评估，11-34
    收益，11-12
    定义解决方案，11，25-34
    定义，1，11
    启发信息，53
    发现差距，11，21-24
    引言，1，11
    理解情境，11，12-21
购买特性游戏，62-63，106

C

能力
    定义，138，144
    提升，91，95-96
    差距（见差距）
能力表，23-25，107
案例研究
    分析解决方案信息，65-70
    定义解决方案，29-34
    启发解决方案信息，60-63
    促进组织过渡，83-84
    提升业务分析能力，96
    评估解决方案绩效，89-90
    协助做出继续/停止决策，87
    发现差距，23-25
    以诚信引领业务分析，98-99
    组织结构，1
    打包解决方案信息，74-75
    规划业务分析工作，48-49

    提升业务分析有效性，94-95
    确定干系人参与方法，40-45
    理解业务分析治理，37-39
    理解情境，19-21
项目章程，140，145
检查表
    准备就绪定义，75
    准备就绪评估，82-84，119
封闭式问题，53，129
永久共存与有时限的共存，82
协作游戏，55，106
竞争分析，138，144
制约因素，138，146
语境无关问题，53
语境问题，53
成本收益分析，28，82，138，142
成本收益可行性，109
覆盖矩阵。见需求跟踪矩阵
文化准备就绪，121
文化管理，97，99
以客户为中心，8
客户旅程图，138，144
大规模一次性切换与分阶段切换，81-82

D

调查数据分析，129
数据模型，64
数据准备就绪，120
完成定义（DoD），58，102，138，145
准备就绪定义（DoR）检查表，75
可交付物，138，144
图表

亲和图，24，29，103-104，137，144
洋葱图，40-41，116-117
情境说明书，16
负面收益，138，143
文件分析，55
文档化
    业务需求的文档化，72
    启发信息的文档化，54
业务分析领域
    关键实践，1
    概述，2-3

E

有效性。见提升业务分析有效性
启发信息
    定义，51，138，144
    迭代性质，64
    技术，15，54-58
    价值，52-53
启发解决方案信息，51-63
    案例研究，60-63
    方法途径，53-60
    概述，51-52
    价值，52
同理心图，138，145
促进组织过渡，78-84
    案例研究，83-84
    方法途径，80-83
    概述，78-79
    价值，79-80
提升业务分析能力，95-96
    案例研究，96

    方法途径，96
    概述，95
    价值，95
事业环境因素（EEFs），138，145
环境良好管理，97-98
史诗，138，144。另见用户故事
演进式原型，57

F

引导式研讨会，55，82，138，146
协助做出继续/停止决策。见继续/停止决策
可行性分析，29-31，108，139，144
特性，39，145
财务良好管理，97
发现差距，21-25
    案例研究，23-25
    方法途径，23
    概述，21-22
    价值，22-23
"5 Why"法，109-110
焦点小组，55，60-61，111
力场分析，31-32，112-113
功能性需求，4

G

游戏
    协作游戏，55，106
    通过游戏启发解决方案信息，55，62-63
差距分析，23，139，142
术语表，137-146
组织目标，18-19。另见目标
急于求成，77，139，143

黄金圈模型，13

继续/停止决策，139，143

协助做出继续/停止决策，85-87

 案例研究，87

 方法途径，86-87

 概述，85-86

 价值，86

商品。见产品

理解业务分析治理，36-39

 案例研究，37-39

 方法途径，37

 概述，36-37

 价值，37

H

高保真原型，57

I

影响

 业务影响，16

 影响程度，139，146

实施方法，139，144

举措，139，144

诚信。见以诚信引领业务分析

接口模型，64

访谈，56，139，142

迭代，139，142

J

工作跟随，56-57

K

关键绩效指标（KPIs），113，139，143

L

以诚信引领业务分析，97-99

 案例研究，98-99

 方法途径，98

 概述，97

 价值，98

精益六西格玛方法，109

影响程度，139，144

影响力水平，139，146

低保真原型，57-58

M

项目集经理，140，145

项目经理，140，145

映射图。另见路线图

 亲和图，103-104

 客户旅程图，138，144

 同理心图，138，145

 故事地图，67-68，126-128

 价值流图，141，144

大规模一次性切换，81-82

物料。见产品

矩阵。另见需求跟踪矩阵

 责任分配矩阵，38

 干系人参与度评估矩阵，41-42，124

方法，139，142

思维模式，业务分析，6-7

模型

 在分析中的应用，63-64

定义，63，139，144

过程模型，63，140，143

类型，63-64

MoSCoW模型，114-115

N

违规，139，145

非功能性需求，4

O

目标

业务目标，33-34，137，146

组织目标，18-19

项目目标，33-34

SMART，18

观察

通过观察启发解决方案信息，56-57

洋葱图 40-41，116

开放式问题 53，129

运营可行性 108

机会 术语的定义和使用，12，139，143。另见情境

组织过渡与解决方案评估 76-90

收益，77

定义，2，76

促进组织过渡，76-84

评估解决方案绩效，76-77，87-90

协助做出继续/停止决策，76-77，84-87

引言，2，76-77

P

打包解决方案信息，70-75

案例研究，74-75

方法途径，71-74

概述，70-71

价值，71

参与式观察，56

被动观察，56

人员准备就绪，120

绩效指标，发现差距。见差距

永久共存，82

人物画像，43-45，117

《PMI商业分析指南》，4

政策，139，146

预测型方法，1

问题，术语的定义和使用，12，139，145。另见情境

程序，140，142

过程，140，143

过程流，140，143

过程模型，63，140，143

产品，3

产品待办事项列表，73

生产环境准备就绪，121

过渡和生产支持准备就绪，121

产品路线图，27，32，140，142

产品范围，140，142

产品团队，140，142

产品树，62-63，118

产品愿景，140，142

项目集经理，140，145

项目章程，140，145

项目管理办公室（PMOs），140，145

项目经理，140，145

项目目标（PO），33-34

提升业务分析有效性，92-95
    案例研究，94-95
    方法途径，93
    概述，92-93
    价值，93
原型法，57-58

Q

问卷调查，58
问题
    在启发解决方案信息时，53
    调查，58，60-61，129

R

准备就绪评估，78-85，119，140，146
准备就绪评估清单，84，119
准备就绪评估计划，81-83，140，146
实质选择权，32，121-122
建议，在定义解决方案时，27-28
法规，140，142
发布，141，142。另见解决方案发布
存储库，141，142
需求
    定义，4，141，145
    过渡，4，78-84
    类型，4
需求跟踪矩阵（RTMs），122-124
    分析解决方案信息，65-67，69-70
    业务规则，105
    启发解决方案信息，61
    打包解决方案信息，72-73
需求研讨会，55

责任分配矩阵，38
风险评估，141，143
风险，141，143
路线图。另见映射图
    规划业务分析工作，47
    产品，27，32，140，142
根本原因
    分析技术，17-18，107-108
    理解情境，17-18，21
规则模型，63
业务规则，66-67，105，137，146

S

范围模型，63
分阶段切换，82
正式与非正式签署，86
通过仿真启发解决方案信息，57
西奈克的黄金圈模型，13
情境，作为中性术语，12
    理解情境，12-21
    案例研究，19-21
    方法途径，14-19
    概述，12-13
    价值，13
情境说明书，16-17
    案例研究，20-21
    定义，16
    示例，17
    开发指南，16-17
SMART目标，18
社会与文化良好管理，97
解决方案

定义，3

　　类型，3

定义解决方案，25-34

　　案例研究，29-34

　　方法途径，26-28

　　概述，25

　　价值，25-26

评估解决方案绩效，87-90。另见组织过渡

　　案例研究，89-90

　　定义，2，77

　　启发信息，53

　　方法途径，88-89

　　概述，87-88

　　价值，88

解决方案细化，50-75

　　分析解决方案信息，50，63-70

　　收益，51

　　定义，2，50

　　启发解决方案信息，50，51-63

　　引言，50

　　打包解决方案信息，50，70-75

解决方案发布

　　定义，85

　　协助做出继续/停止决策，85-87

解决方案需求，4

组织过渡与解决方案评估，52

干系人

　　业务分析思维模式，6

　　术语含义，39

　　定义，4，15，141，143

　　识别技术，15

确定干系人参与方法，39-45

　　案例研究，40-45

　　方法途径，40

　　概述，39

　　价值，40

干系人参与度评估矩阵，41-42，124

干系人需求，4

标准，141，142

良好管理，业务分析，91-99

　　收益，92

　　定义，3

　　启发信息，53

　　提升能力，91，95-96

　　以诚信引领，91，97-99

　　引言，91

　　提升有效性，91-94

故事地图，67-68，126-128

过渡策略，81-82，84，141，143

结构化访谈，56

调查数据分析，129

调查，58，60，128-129

可持续发展良好管理，97

T

能力表，23-24，107-108

技术，141，143。另见工具和技术

技术可行性，108

技术，在业务分析的演变中，9

抛弃式原型，57

有时限的共存，82

时间可行性，109

工具和技术，101-131

　　定义，141，143

列表，101

概述，100

可跟踪性，141，144

跟踪矩阵。见需求跟踪矩阵

过渡

组织（见组织过渡）

解决方案，52

过渡方法，81-83

过渡计划，81-82，83-84，141，143

过渡需求，4，78-83

过渡策略，81-83，84-86，141，143

U

非结构化访谈，56

用户故事

分析解决方案信息，66-69

定义，141，146

史诗，138，144

映射，69

打包解决方案信息，74-75

V

价值。见商业价值

价值交付办公室（VDOs），141，143

价值主张

作为业务分析，8

定义，141，144

价值流图，141，144

虚拟业务分析，9-10

术语

术语表，137-146

W

"5 Why"法，109-111

线框图，69-70，130

研讨会

引导式研讨会，55，138，146

需求研讨会，55